岩波現代文庫

学術 9

木田 元［編著］

ハイデガー『存在と時間』の構築

岩波書店

略語表

引用箇所を指示するために、本書では以下の略記号を使用した。数字はページ数（fは「以下」、nは「注」）を示す。

SZ　『存在と時間』。ページ数は初版のもの。邦訳にはすべて欄外にこのページ数が記入されている。

GP　『現象学の根本問題』『ハイデガー全集』（ヴィットリオ・クロスターマン社）第二四巻

ML　『論理学の形而上学的基礎――ライプニッツから出発して』『全集』第二六巻

N II　ハイデガーの『ニーチェ』の細谷貞雄訳（平凡社ライブラリー）は全体の三分の二で中断されてしまったため、第II巻の後半部は原書（ネスケ社）から引用した。その部分のページ数を示すためにこの記号を用いた。『ニーチェ』I、IIは、細谷訳を示す。

W　『道標』『全集』第九巻

なお、プラトン、アリストテレス、カントからの引用に付した数字と記号は、彼らの著作から引用する際、一般に使われているページ数の表示である。

目　次

序章　『存在と時間』という本

一　二〇世紀最大の哲学書

ハイデガーの『存在と時間』はまったく奇妙な本である。この本は一九二七年に公刊されるやいなや「稲妻のように閃いて、ドイツ思想界の形勢を一挙に変えた」と言われたほどの強い衝撃を思想界に与えた。それ以後も、一九三〇年代にはドイツ実存哲学の、次いで第二次大戦終結後は、サルトルやメルロ＝ポンティによって領導されたフランス実存主義の、聖典のようにして読まれてきた。

そして、一九六〇年代になると、おかしなことに、その実存主義への対抗イデオロギーとして登場してきた構造主義が、さらに一九七〇年代以降は、フーコーやラカン、ドゥルーズ、リオタール、デリダといった思想家によって代表されるフランスのいわゆるポスト構造主義が、やはりハイデガーをその思想的源泉とみなすことになる。構造主義やポスト構造主義のばあい、直接に結びつくのは、『ヒューマニズム書簡』(一九四七年)あたりで説かれているハイデガーの後期思想らしいが、これもむろん『存在と時間』の洗礼を受けた上でのことと考えてよい。

フランスの思想家たちのうちでもっともユダヤ的色彩の濃いエマニュエル・レヴィナスや、アメリカのプラグマティストのリチャード・ローティのように、ハイデガーに厳しい批判をつきつける人たちも、一時期は明らかにハイデガーの思想の強い影響を受けている。ドイツのガーダマーやフランスのリクールの提唱する解釈学も、『存在と時間』を出発点にしている。思想的にはハイデガーと真向から対立する立場に立つハンナ・アーレントやヘルベルト・マルクーゼも、『存在と時間』の時代のハイデガーの直接の教え子であり、やはりそこから出発している。

哲学以外にも、神学・精神医学・美学・文学理論・芸術論・言語理論・社会科学と、その影響の及んだ範囲は果てしもない。モーリス・ブランショ、ジョルジュ・バタイユ、オクタビオ・パスと、なんらかのかたちでハイデガーの影響を受けた作家の名を挙げ出したらキリがないし、晩年には、詩人のパウル・ツェランや、かつてレジスタンスの闘士でもあったフランスの詩人ルネ・シャール、画家のジョルジュ・ブラックといった第一級の詩人や芸術家がハイデガーに傾倒した。彼らも、一度は『存在と時間』を経過したにちがいない。

二〇世紀に書かれた哲学書で、これほど広汎な、また持続的な影響力をもったものはほかにない。これに近いものさえも、ないのではあるまいか。その及ぼした影響から見て二〇世紀を代表する哲学書を一冊と言われれば、誰でもが『存在と時間』を挙げると思う。いや、いまでもその及ぼした影響ということなら、私もためらわずこの本を挙げていた。いや、いまでもその及ぼした影響ということなら、これを挙げるしかないと思うのだが、実質的に言ってこの本が二〇世紀最大の哲学的成果かと訊かれると、いささかためらわずにはいられなくなった。

というのも、この本は実は上巻しか出されなかった未完成品、それもまだ話が本論にまで及んでいない未完成品だからである。話の都合上、まずこの本の全体の構想を見ていただこう。これはハイデガーが『存在と時間』の「序論」第八節で提示しているものである。

『存在と時間』(一九二七年)

序論

上巻(既刊部分)

第一部　現存在を時間性へ向けて解釈し、時間を存在への問いの超越論的地平として究明する

第一篇　現存在の準備的基礎分析

第二篇　現存在と時間性

第三篇　時間と存在

下巻（未刊）

第二部　テンポラリテートの問題群を手引きとして存在論の歴史を現象学的に解体することの概要を示す

第一篇　テンポラリテートの問題群の予備段階としてのカントの図式機能論および時間論

第二篇　デカルトの〈われ思う《コーギト》、われ在り《スム》〉の存在論的基礎と〈思考するもの《レース・コギタンス》〉の問題群への中世存在論の継承

第三篇　古代存在論の現象的基盤とその限界の判定基準としてのアリストテレスの時間論

ご覧のとおり、既刊の上巻には第一部の第一、第二篇、つまり予定された全体の三分の一しか収められていない。しかも、第一部第一篇の「現存在の準備的基礎分析」、第二篇の「現存在と時間性」という表題からもうかがえるように、ここではもっぱら「現存在」、つまり人間存在の分析がおこなわれているのであるが、のちに見るように、これはあくまで本論を展開するための準備作業にすぎない。そして、その本論はついに書かれないでし

まったのである。となると、『存在と時間』既刊部は、未完成品であるのみならず、結局は予定された本論へ書き継ぐことを許さなかった失敗した準備作業だということになる。このように、未完成であるだけではなく失敗作でもあった『存在と時間』が、これほどの影響力をもちえたということは、これはこれで不思議なことであり、十分に考えてみるに値する問題であるが、それでもこれが未完成品であり失敗作だという事実に変わりはない。

二　未完の書

ところが、従来『存在と時間』は、まるでこの既刊部だけで完結した著作であるかのように読まれてきた。これこそがハイデガーの主著だとして、もっぱらこの既刊部が問題にされたというだけではなく、ハイデガーが以後の論文や講義で述べていることも、すべて、なんとかこの既刊部に関連させて理解しようとされた。そして、この既刊部は、先ほどふれたように人間存在の分析に終始している。一時期ハイデガーが、彼の意に反して実存哲学者と見られたのも無理からぬ話なのである。

また、第二次大戦後公刊された論文や講義録で展開された思想も、この『存在と時間』

既刊部と対比され、そこにうまく結びつかないというので、これが〈後期の思想〉にまとめあげられる。つまり、『存在と時間』既刊部に見られる前期の〈実存思想〉に対して、後期は〈存在思想〉だというわけである。

だが、これはおかしい。『存在と時間』の時代のハイデガーの思想を問題にしようというなら、当然そこには、公刊されなかった下巻の構想もふくめて考えるべきであろう。そうすれば、そこではすでに〈存在〉が問題にされているのであるから、〈前期＝実存思想〉〈後期＝存在思想〉という図式は成り立たないことになる。

『存在と時間』の「序論」でもいいし、ハイデガー自身の手になるこの本の予告文（たとえばこの本の細谷貞雄訳［ちくま学芸文庫］などでは、「序に代えて」という表題を付されて冒頭に据えられている）でもいいし、あるいは一九三七年に彼がこの本の意図について述べた「ジャン・ヴァール氏宛の手紙」（『フランス哲学協会雑誌』一九三七年、一九三ページ）でもいいが、それらを少し注意深く読んでみれば、この本の究極の狙いが、けっしてヤスパースの実存哲学のように人間の実存を解明しようというところにあるのではなく、「存在一般の意味の究明」にあることは一目瞭然である。

「存在一般の意味の究明」とは、〈ある〉ということは一般にどういう意味なのかを問い究めようということである。むろん、『存在と時間』既刊部では「存在一般」などほとんど話題にされていない。書かれた部分は、あくまでこの「究明」のための準備作業である「現存在」の実存論的分析に終始しているからである。だが、もし本論が、つまり第一部第三篇が書かれていれば、当然そこでは「存在一般」が論じられたはずである。前期は〈実存思想〉、後期は〈存在思想〉という図式が成り立たないことはお分かりいただけると思う。こうした見方がされてきたのも、『存在と時間』の既刊部をそれだけで完結したものとして読んできたからであろう。

これまで『存在と時間』を、この未刊部、つまり本論をまで考慮に入れて読もうとすることが、日本だけでなくドイツにおいてさえも試みられなかったというのは、不思議な話である。おそらく、既刊部の及ぼした異常なまでの影響力に気圧《けお》されてのことであろう。だが、本論についてある程度の見当をつけておかなければ、既刊部の準備作業が、いったいなんのためになにを準備しようとしているのかさえ分からないことになる。当然読み方だって変わってくるであろう。

三　発想の順序

　ところで、この本についてもう一つ考えておきたい問題がある。もう一度先ほどの全体の構想を見ていただきながら、この本の構成について考えてみよう。ざっと見ただけでもお分かりいただけるように、第二部は、第一篇カント、第二篇デカルトと中世存在論、第三篇アリストテレスと、時間を遡りながらではあるが、「歴史的考察」のかたちをとっているので、いちおう別に考えてよい。第一部の方は、実際に書かれた第一、第二篇が「準備作業」としての「現存在の実存論的分析」に当てられている。となれば、「存在一般の意味の究明」をおこなう「本論」は、第一部第三篇しかないことになる。結局、『存在と時間』は、大きく分けて三つの部分から成るはずであった。

I　第一部第一、第二篇――「準備作業」としての人間存在の分析

II　第一部第三篇――「本論」としての「存在一般の意味の究明」

III　第二部第一、第二、第三篇――歴史的考察

繰りかえし述べるように、このうち第一部第一、第二篇が書かれただけで、この本は挫

折してしまった。いったい挫折の原因はどこにあったのであろうか。これについて二通りの考え方が成り立つ。一つはこうである。『存在と時間』の既刊部は、その影響力が示しているように、これはこれで間然するところのないものであり、問題は第一部第三篇以下にあった。つまり、ハイデガーの頭のなかで未刊部の構想がまだ十分に熟していなかったのであり、いざ書こうとしてみたらうまくいかなかった。むろん当初は私もそう考えていたし、これがこれまでの常識的な考え方であったろう。だが、よく考えてみると、この想定は成り立たない。というのも、のちに見るように、ハイデガーは「序論」の第五、第六節で下巻の構想をきちんとスケッチしてみせているからである。

『存在と時間』の挫折についてもう一つの考え方があり、私にはこの方が筋が通っているように思われる。それはこういう考え方である。つまり、第一部第三篇と第二部の構想は十分に固まっていた。というより、むしろそちらの方が先に構想されていたのであり、そこへ話をもっていくための導入部として第一部第一、第二篇が、しかも執筆直前になってかなりにわかに思いつかれた。ところが、書きあげてみると、この導入部が予定されていた本論にうまく話を繋いでくれない。そのため、続稿が不可能になり、中断されてしまった。挫折の原因は既刊部にあるとする考え方である。この考え方には、以下に述べるような根拠がある。

四　「ナトルプ報告」

かなり後になってからのことであるが、ハイデガーはある機会に、自分は一九二三年の夏に『存在と時間』の「最初の下書き」を書いたと言い出す(『言葉への途上にて』九五ページ)。当初この発言の意味がよく分からなかった。それらしいものが見当たらないからである。

一方、当時フライブルク大学でいわば非常勤講師として講義をしていたハイデガーに、この年(一九二三年)、マールブルク大学とゲッチンゲン大学から人事の引き合わせがあったことはよく知られている。ただ彼は、一九一五年の教授資格論文以降まったく論文を発表していなかったので、それに代わるものとして、「目下執筆中の著作があればその概要」を文書にして提出することが要求された。そこでハイデガーは、急遽「アリストテレスの現象学的解釈——解釈学的状況の提示——」という報告書を書き、これをマールブルク大学のパウル・ナトルプと、ゲッチンゲン大学のゲオルク・ミッシュに提出した。結局はナトルプのいたマールブルク大学に就任が決まったので、この報告書は通常「ナトルプ報告」と呼ばれている。こういう報告書の書かれたことは以前から知られていたが、その後二通ともその所在が分からなくなったので、永くその内容は知られなかった。はたしてこれが、ハイデガーの言う『存在と時間』の最初の下書き」なのかどうか確かめようがなかったのである。『存在と時間』の既刊部をもとに判断すると、「アリストテレスの現象学的解釈」とは結びつきそうもない。「最初の下書き」と「ナトルプ報告」とは別なものだろうと思われていた。

ところが、一九八九年になって、偶然の機会から、ゲオルク・ミッシュに提出した方のこの報告書が発見され、『ディルタイ年鑑』第六号に発表された(1)。読んでみると、これがハイデガーの言っていた「『存在と時間』の最初の下書き」であることは明白である。そして、よく検討してみると、この報告書の本論をなしているアリストテレスの幾つかのテキストについての読解作業、つまりその「現象学的解釈」が拡張されて『存在と時間』第二部の歴史的考察になったことも明らかに見てとれる。また、この報告書に序論といったかたちで付けられている「解釈学的状況の提示」、おそらくこの報告書を提出することになってにわかに書かれたと思われるこの序論部分が、むろん大幅に書きなおされ、ふくらまされて『存在と時間』の既刊部の下図にされたらしいことも推測される。

ということは、かねてアリストテレスのテキストを、それこそ舐めるように読んできていたハイデガーが、その独自な読解作業を通じて古代ギリシア存在論の存在概念の秘密をつきとめ、中世から近代へとその存在概念の継承の跡を追って、いわば西洋哲学史の根本的な読みなおしを企てたその成果が『存在と時間』第二部に結実するはずだったということ、しかも『存在と時間』はまずこの部分から発想されたということを示唆している。そして、その歴史的考察のための基本的視座の確保が第一部第三篇「時間と存在」で試みられるはずであった。既刊部の第一部第一、第二篇は、そこへの導入部、しかも「ナトルプ報告」の序論部と同様に、かなりにわかに構想され執筆された導入部だと思われる。殊にここには、第一次大戦敗戦後のドイツのかなり特殊な思想状況や、当時ハイデガーが立っていたかなりややこしい思想的立場などが複雑に反映していた。いわば時務的《オケイジョナル》な意図に促がされて書いたところの多い導入部だったのである。ところが、書きあげてみたら、これが、すでに十分に構想の固っていた第一部第三篇以降にうまく話を繋いでくれないことが分かり、中断せざるをえなかった、ということではなかろうか。

『存在と時間』の邦訳者の一人である細谷貞雄氏が、かつてフライブルクにハイデガーを訪ねた折、彼が『存在と時間』はいかにも蒼惶の間に書いたものなので不安が残ると言っていた由、たしかどこかに書いておられたが、おそらくこれはそのとおりだろうと思う。

一九二五年に教授のニコライ・ハルトマンがケルン大学に移ったあと、マールブルク大学は、その後任としてハイデガーを教授に推薦する提案をしたが、この提案は二六年一月に業績不足を理由にベルリンの文部省によって却下された。大急ぎで著作を刊行するように迫られたハイデガーが急遽書きあげて出したのが、『存在と時間』の既刊部である。極度の精神の緊張のもとで書かれたと見え、首尾一貫した構想のもとに一気に書きおろされたもののように見えるのだが、同時期の講義録、たとえば一九二五年夏学期の『時間概念の歴史のためのプロレゴーメナ』や一九二五／二六年冬学期の『論理学——真理への問い』などと読みくらべてみると、相当程度それまでの講義ノートが取りこまれ組みこまれていることが分かる。細谷貞雄氏もその翻訳の「あとがき」で、「『存在と時間』を翻訳者の眼で新しく読みなおすうちに、私はこの本がさほど周到な彫琢を経たものではなく、かなり慌しく書きおろされたものにちがいないという印象を抱くようになっていた。それまでは緊密な構成をもつ統一体のようにみえていたものが、しばしば異常な飛躍をふくみ、あちこちにつぎはぎの痕跡をのこしているのである」(上、五一六ページ)と書いているが、私も同感である。『存在と時間』既刊部が、出版直前にかなりにわかに構想されたという私の想定は、それほど間違っていないように思う。

一方でハイデガーは、一九四一年になってからのことであるが、ある講義のなかで、[2]「私はいまでもなお〈存在と時間〉を乗り越えて前進したりはしていない」と言い、ただしそのばあい、「著作としての『存在と時間』と省察のタイトルとしての〈存在と時間〉は区別しなければならない」のであり、自分が言っているのはあくまで後者のことなのだがと但し書きをつけている。彼には、〈存在と時間〉という名の省察、つまり第一部第三篇以下の構想を捨てる気はなかったのである。

五　中断の事情

そうなると、どうしてもあの時点でハイデガーが構想していたその省察、つまり『存在と時間』の未刊部を再構成してみたくなろうというものではないか。乱暴な話だが、ここでそれをやってみようと思うのである。むろんハイデガーが書こうとしていたことをそっくりそのまま再現することなどできようはずはないが、彼がこの時点でどんなことを考えていたのか、その近似的な内容だったら再構成できそうである。そのための材料もないわけではない。それについてはのちにふれる。

もともとハイデガーは、『存在と時間』の後半部にまったく手をつけなかったわけではない。この前後ハイデガーはカール・ヤスパースと親交を深め、ハイデルベルクのヤスパース家を訪れて滞在したり、しきりに手紙のやりとりをしたりしている。その手紙の相当数が残っていて、それが『ハイデガー＝ヤスパース往復書簡集　一九二〇―一九六三』（W・ビーメル／H・ガーナー編）に収められている。その往復書簡から『存在と時間』刊行の経緯が読みとれるので、少し煩雑だが、それを追ってみよう。

一九二六年四月二四日付のハイデガーのヤスパース宛の手紙によると、この年四月一日に『存在と時間』の印刷が開始されている。『存在と時間』は翌二七年四月に、フッサールの主宰する『現象学研究年報』第八巻に発表され、同時に別刷が単行本の形で出されるのであるが、先ほどもふれたように教授昇進人事がからんで出版を急がされていたので、フッサールの口ききで、『年報』発行所のマックス・ニーマイヤー社が特別に印刷を急いでくれたものらしい。この時点では、全体で三四ボーゲンになるはずであった。一ボーゲンとは、裏表に一六ページ分を印刷した「全紙」のことである。三四ボーゲンだと五四四ページになる。七月三一日付の手紙によると、印刷は順調に進み、このうち一五ボーゲン

（二四〇ページ）が六月初めに刷り上がっている。現行『存在と時間』の第一部第一篇が二三〇ページまでであるから、ほぼその部分にあたる。あるいは第二篇の冒頭部もふくまれていたかもしれない。むろん、この時点でマールブルク大学は、ここまでの校正刷を二部文部省に提出している。一度却下された昇進人事を認めてもらおうとしてのことである。（一二月二日付のハイデガーの手紙で、この提案もふたたび却下されたことが報告されている。昇進人事が承認されるのは、『存在と時間』が刊行されてからである。）

ところが、同じ年の一〇月四日付の手紙によると、ハイデガーは夏学期の半ばに印刷を一度ストップさせている。原稿の分量が考えていたよりも多くなったからである。ということは、四月一日の段階で原稿を全部渡したということではなく、その時点では第一部第一篇あたりまでを渡し、あとは書いた分だけ入れていくというやり方をしたということであろう。だが、書いているうちに分量がふえ、一〇月四日の時点では、「それぞれ約二五ボーゲン（四〇〇ページ）ずつ二冊に分け」なければならなくなったということらしい。話にはっきりしないところがあるが、たぶんこの「二冊」は第一部と第二部に対応するものと思われる。この手紙には、「上巻の残りの部分」の原稿を一一月一日までに出版社に渡さなければならないと書かれている。

『存在と時間』の出版は一九二七年四月だが、ハイデガーはその年の一月一日から一〇日までの一〇日間をハイデルベルクのヤスパース家で過し、校正刷をあいだに置いて二人で最後の検討をしている。ところで、その訪問を予告する二六年一二月二六日付の手紙でハイデガーはこんなふうに書いている。

この手紙と同じ郵便で、あなたはボーゲン一七と一八をお受けとりになるでしょう。二三までの残りのボーゲンは、私が一緒に持ってまいります。あとまだ四ボーゲンが欠けています。

ボーゲン一六までは、すでにヤスパースの手元に届いていたのであろう。欠けている四ボーゲンをくわえて二七ボーゲンだと四三二ページになり、『存在と時間』既刊部の四三八ページに近い。計算は合っているのだが、しかし、どうも話に辻褄の合わないところがある。

というのも、このときヤスパースと一緒に検討した二三ボーゲンに、第一部第三篇が一部分でもふくまれていたのかどうかがはっきりしないからである。ハイデガーは、一九四一年第一学期（この時期、戦時体制で、夏冬二学期ではなく、三学期制がとられていた）の講義『ドイツ観念論の形而上学――シェリング「人間的自由の本質について」の新解釈』（『全集』第四九巻）でこう述べている（三九―四〇ページ）。

それだけではなく、『存在と時間』で使われている〈実存概念〉の理解が困難になったのは、『存在と時間』に即した実存論的実存概念が完全に展開されるのが、出版を中断したために公開されないでしまった篇（第一部第三篇）においてだったということによる。出版が中断されたのは、第一部第三篇「時間と存在」が、印刷中に不十分なものだということが明らかになったからである。（中断を決定したのは、一九二六年一二月下旬、ハイデルベルクのヤスパース家に滞在中であった。ここで『存在と時間』の校正刷を手にしながら、友情に満ちた活潑な討議を重ねた結果、このもっとも重要な篇（第一部第三篇）は、これまで果たされた仕上げ方では理解されないままに終わるにちがいないということが私にははっきり分かったのである。中断の決定は、ライナー・マリア・リルケの訃報がわれわれに伝えられたその日におこなわれた。）

この引用には、あれこれ注釈が要る。「二六年一二月下旬、ハイデルベルクのヤスパース家に滞在中」というのはハイデガーの記憶違いで、二七年一月一日から一〇日までであることは、二六年一二月二六日、三〇日のヤスパース宛の手紙や、エリーザベト・ブロッホマン宛の手紙から確認されている。リルケが歿したのは二六年一二月二九日であり、ヤスパース家にその訃報が届いたのは二七年一月上旬だったことになる。

が、そんなことはともかく、問題は、このときハイデガーとヤスパースの討議の場に第一部第三篇のごく一部であれ校正刷があったかどうかである。「出版が中断されたのは、第一部第三篇「時間と存在」が、印刷中に不十分なものだということが明らかになったから」というハイデガーの口吻からすると、校正刷になったその部分をヤスパースに読んでもらったが、まったく理解してもらえなかったので出版中断を決定したというふうに聞こえる。しかし、どうもそうとは思えない節もある。

このあとハイデガーは、二七年三月一日付の手紙でヤスパースに、「例の印刷作業のほうは、ふたたびかなりの中休み状態になっております。それで私は、今日ようやく、最後のボーゲン(一六ページ分)の初校を発送することができた次第です」と書いている。四月の出版まであまり時間的余裕がないわけだから、もしこれで現行の四三八ページ分の初校の校正が終わったということなのだとすると、一月一〇日からこの三月一日までのあいだに、第一部第三篇の部分の校正刷を破棄して、それに代わるかなりの分量の原稿を急遽書き足して印刷し、現行の四三八ページまでもっていったということになる。これは、ちょっと考えられない。

一方に別の情報がある。『存在と時間』全集版の編集者F－W・v・ヘルマンの「編集後記」によると、ハイデガーはヘルマンに、第一部第三篇の第一稿は執筆直後に焼却したと口頭で告げたことがあるという。この話では、とうてい校正刷にまでなったとは思われない。となると、考えうる事態は、ハイデガーが二七年一月上旬にヤスパース家を訪れた際、第一部第二篇までの校正刷（最後の四ボーゲンは除いて）のほかに、第一部第三篇の一部分の手書き原稿を持参し、それをヤスパースに読んでもらうか読んで聴かせるかしたが理解してもらえなかったので、この時点でその印刷を断念し、帰宅後その原稿を焼き捨てたということであろう。高田珠樹氏によると、[3] ヤスパースの『哲学的自叙伝』に「すでに一九二二年、ハイデガーは私に当時の草稿のひとつを読んで聞かせたが、私にはなにがなんだか分からなかった。私は自然な語り方をするように迫った」という一節がある由である。たぶん「ナトルプ報告」の準備稿の一部であろうが、これと似たようなことが一九二七年一月にも繰りかえされたのではあるまいか。このあたりの事情、いまとなっては確かめるすべはない。いずれにせよ第一部第三篇は、それほど大量の原稿が書かれたとは思えない。だが、一部の手書き原稿はあったのであろう。

それにしても、一〇月四日の段階で第一部(当然第三篇もふくめて)二五ボーゲン四〇〇ページになるはずだったものが、最終的には第一部第二篇までで四三八ページになったわけであるから、書いているうちにどんどん分量がふえていったにはちがいない。

六　第一部第三篇「時間と存在」

もう一つ、ハイデガー自身が『存在と時間』の未刊部、殊に第一部第三篇中断の消息を伝えたものとして、『ヒューマニズム書簡』(一九四七年)の次の一節のあることを言っておきたい。少し長い引用になるが、ひとまずお読みいただこう。

『存在と時間』において〈企投〉と呼ばれていたものが、表象しつつ定立することだと解されるならば、企投は主観性のしわざだと受けとられ、〈存在了解〉が〈世界内存在〉

の〈実存論的分析〉の領界内でもっぱら考えられうるようには、つまり存在の明るみへの脱自的な関係としては考えられないであろう。主観性を放棄するこうした別の思索を遂行しなおし、それを真に遂行するということは、たしかに『存在と時間』の公刊に際して第一部の第三篇「時間と存在」がとどめおかれたということによって困難になった……。ここで全体が転回するのである。問題の第三篇がとどめおかれたのは、思索がこの転回を思うように十分なかたちで語ることができず、こうして形而上学の用語の助けでは切りぬけられなかったからである。一九三〇年に思索もされ講じられもしたが、一九四三年になってはじめて刊行された『真理の本質について』という講演は、〈存在と時間〉から〈時間と存在〉への転回の思索へのある種の洞察を与えている。この転回は、『存在と時間』の立場の変更ではない。試みられた思索がこの転回のうちではじめて、『存在と時間』がそこから経験された次元、しかも存在忘却という根本経験のうちにあってそれが経験された次元の所在にゆきつくのである。(W 327-328)

いきなりこんな文章を読まされてもご迷惑であろうが、ここでは、ハイデガーが二〇年後に第一部第三篇中断についてこういう述懐をもらしているということだけを念頭にとどめていただければ十分である。

ただ、「ここで全体が転回するのである」という言い方をされると、ハイデガーは当初から、つまり『存在と時間』という本のなかの一篇に、全体の表題をそのままひっくり返した「時間と存在」という、考えようによってはふざけた題を選んだときから、ある「転回」を、あるどんでん返しを準備していたのだろうかと考えたくもなる。この時点で、はたしてハイデガーにそんな気持の余裕があったかどうか疑いたくなる一方で、いや、やはりハイデガーのことだから、かなりの仕掛けを仕組んでいたかもしれないと思えてくる。だが、もしそうだとしても、そのどんでん返しなるものが、二〇年後にこの引用で言っているようなものだったかどうか、これはやはり後から付けた言いわけではないかと疑いたくはなるが。このあたりはのちに考えることにしたい。もっとも、ここで言及されている『真理の本質』を読んでみても、その「洞察」なるものがどれなのか、私にはよく分からなかった。

それにしても、ハイデガーがこれほどまで書き継ぐのをためらった未刊部を再構成するなどということができるものだろうか。いわゆる〈思索の転回〉を果したあとの二〇年後にハイデガーがそこに読みこんでいるようなややこしい意味、つまり「存在忘却という根本経験のうちにあってそれ〔『存在と時間』〕が経験された次元の所在」云々といったややこしい意味は別にして、彼が『存在と時間』を構想し執筆していた一九二六年から二七年にかけての時点で考えていたことのおおよその内容なら推測できないことはない。その大雑把なスケッチなら、『存在と時間』の「序論」で彼自身おこなっているし、その内容にかなり近いことを当時の講義のなかで語ってもいる。それらを手がかりに、この未刊部を再構成しようというのが、本書の当面の狙いである。

第一章　『存在と時間』既刊部の概要

一　哲学の根本問題「存在とは何か」

『存在と時間』の未刊部を再構成しようとするからには、既刊部の概要をいちおう心得ておいていただかなくてはならない。といっても、この既刊部の解説を本格的にはじめるということになると、それだけで一冊の本になってしまう。考えうる一つの手は、ハイデガー自身が書いたその梗概を利用することである。ハイデガーは几帳面な人で、『存在と時間』でも「序論」の第五、第六節でこの本の梗概を書いている。第五節「存在一般の意味の解釈のための地平を打開する作業としての、現存在の存在論的分析論」が第一部（未刊の第三篇をもふくむ）の、第六節「存在論の歴史の解体という課題」が第二部の梗概である。第五節のうち、第一部第一、第二篇に該当する部分をそのまま引用するか、要約するかすれば、既刊部の概要を示すことになりそうであり、当初はそう考えていたのだが、改めて翻訳でこの部分を読んでみると、簡潔なだけに難しい。とてもこれを要約してもお分かりいただけるとは思えないので、むろんこれも援用はするが、他の著作や講義も参照しながら、私なりのやり方で既刊部の粗筋を示すことにしたい。前に書いた『ハイデガーの思想』（岩波新書）や『わたしの哲学入門』（新書館）で採ったやり方であり、私はこのくらいまわりくどく解説しなければ、ハイデガーの言わんとするところを理解してもらうのは難しいと思っている。といっても、これは私の勝手な思いつきではなく、大部分はハイデガー自身が後年いろいろな機会に語ったり書いたりしていることをいわば編纂したものであり、それに私の推測がくわわっている。前著と重複するところがあるのはご勘弁願いたい。

前にもふれたし、この第五節の表題からも明らかなように、『存在と時間』の、というより正確にはその第一部全体の究極の狙いは「存在一般の意味」の究明にある。「存在一般の意味」、つまりは〈ある〉ということは一般にどういう意味なのかを究明しようというのである。

ハイデガーに言わせると、このように「存在の意味」を問うこと、〈存在とは何か〉を問うことは、プラトン／アリストテレス以来の西洋哲学の根本の問いなのである。その証拠として彼は、『存在と時間』の冒頭に、プラトンの対話篇『ソフィスト』の一節を引用している。この対話篇はいわゆるソフィストたちを主題にしたものであるが、そこに登場するエレアからの来訪者がこんなふうに言う。

……というのも、〈存在する《オン》〉という言葉を使うときに、自分でいったい何を言おうとしているのかを、君たちならばずっと前からよく知っているにちがいないのだが、われわれの方では、ひところでこそそれが分かっているつもりだったのに、今では途方に暮れているありさまなのだから……(244a)

プラトンは、この少しあと(246a)で「存在《ウーシア》をめぐる巨人の戦い」という有名な言葉を持ち出している。彼にとっても、〈存在《ウーシア》〉ないし〈存在する《オン》〉とは何かが根本問題であったらしいことはうかがえよう。プラトンの弟子のアリストテレスは、この問いをもっと明確に定式化してみせる。

事実、かつても今もまたこれからも、絶えることなく(哲学が)そこへ向かう途上にありながら、いつも繰りかえしそこへ通じる道を見いだせないでいるもの、それは〈存在者《オン》とは何か〉という問いであり、つまるところ〈存在《ウーシア》とは何か〉という問いである。

(『形而上学』第七巻第一章、1028b2 以下)

なぜ、〈存在者《オン》とは何か〉という問いが、「つまるところ〈存在《ウーシア》とは何か〉という問い」になるのか。ハイデガーに言わせると、〈存在者《オン》とは何か〉というこの問いは、〈存在者である《ト・オン・》かぎりで《ヘー・》の存在者《オン》とは何か〉という問いを簡略化したものであり、つまりは存在者をそのように存在者たらしめている〈存在《ウーシア》〉とは何かという問いになるのである。ばかばかしい議論のように聞こえるかもしれないが、これがどういう意味かは、同じ問題についてアリストテレスが別のところで述べていることを考え合わせれば分かってくる。

> 存在者であるかぎりでの存在者を研究し、またこれに本質的に属する事がらを研究する一つの学問がある。この学問は、いわゆる特殊的な諸学問のいずれとも同じではない。というのも、他の諸学問はいずれも、存在者であるかぎりでの存在者を全体として考察したりはせず、ただそのある部分を抽出し、これについて、それに付帯する属性を研究するだけだからである。（『形而上学』第四巻第一章、1003a20 以下）

哲学者の学は、存在者をそれが存在者であるかぎりで、部分的にではなく全体として

扱うものである。（『形而上学』第一一巻第三章、1060b31）

アリストテレスがここで言おうとしていることは、こういうことである。つまり、「特殊的な諸学問」、いわばさまざまな個別科学、たとえば物理学だの経済学だのは、ありとしあらゆるもの、〈あるとされるあらゆるもの〉、つまりは存在者の全体のうちから、物理現象なり経済現象なり特定の領域を、つまり「ある部分」を「抽出」し、「それに付帯する属性」、つまりその領域的特性だけを研究する。存在者を、それが物理現象であるかぎりで、経済現象であるかぎりで研究するのである。ところが、アリストテレスが「哲学者の学」とか「第一哲学《プローテー・フィロソフィア》」と呼ぶ学問、つまり狭い意味での「哲学」は、存在者を、それがこんなふうにさまざまな領域に切り分けられるのに先立って、つまりはあくまでそれが「存在者であるそのかぎりで」、「全体として」研究しようとする。「存在者を存在者として《ト・オン・ヘー・オン》全体的に《カトルー》」研究しようとするのである。ということは、この学問は、すべての存在者をそのように存在者たらしめている〈存在《ウーシア》〉とは何かを問う、ということになる。近代になってから、ギリシア語の〈存在者《オン》〉という言葉と〈理論《ロゴス》〉という言葉を結びつけて〈存在論《オントロギー》〉という言葉が造られるが、そう呼ばれてもよいような学問を、アリストテレスは〈第一哲学《プローテー・フィロソフィア》〉と呼んでいるのである。先ほども言ったように、これは狭い意味での〈哲学〉のことであるから、〈存在とは何か〉という問いが、哲学の根本問題だということになろう。

　ついでに言っておくと、プラトンもアリストテレスも、〈存在とは何か〉というこの根本的な問いを問う哲学の動機を「驚き《タウマッツェイン》」だと考えている。たとえばプラトンは、

> なぜならその〈驚き〉の感情こそが、本当に哲学者のパトスなのだから。つまり、哲学の初まり《アルケー》はこの感情よりほかにはないのである。（『テアイテトス』155D）

と言っているし、アリストテレスもまた、次のように言っている。

> けだし驚きによってこそ、人間は、今日もそうであるが、あの最初のばあいにも、あのように哲学《フィロソフェイン》しはじめたのである。（『形而上学』第一巻第二章、982b12–13）

二　なにかがあることの驚き

ハイデガーの考えでは、〈存在とは何か〉というこの問いは、その後も形を変えて問われつづける。たとえば中世のスコラ哲学者たちもそれなりの仕方でこの問いを問う。彼らがさまざまに試みた〈神の存在証明〉がそれである。これはけっして神が存在するかしないかを問おうとするものではない。彼らにとって、神が存在することは疑いようもない。問題はこれをどうやって論理的に論証してみせるかにある。一種の論理ゲームのようなものであるが、彼らはそれを通じて〈存在とは何か〉を問おうとしているのだ、とハイデガーは主張する。

さまざまに試みられたその証明のうちに、神の存在の〈存在論的証明〉と呼ばれるものがある。その証明は、簡単に言えばこういうものである。つまり、〈神はもっとも完全な存在者である。ということは、神はすべての肯定的な規定(「神は全能である」「神は無限である」……)をそなえた存在者だということである。ところで、「存在する」ということも一つの肯定的規定である。神は当然この規定をもふくんでいる。したがって、神は存在する〉。

ただの言葉のまやかしにしか思えないが、この証明には中世から近代にかけて永い歴史がある。これは、一一世紀にアンセルムスによって提唱され、一三世紀にトマス・アクィナスによって否定され、一七世紀にデカルトによって復興され、一八世紀にカントによって否認され、一九世紀初頭にヘーゲルによって承認されるという実に興味深い歴史をもっている。

その論点は、神の本質存在《エッセンティア》（デアル）のうちにその事実存在《エクシステンティア》（ガアル）がふくまれるかどうかにある。神というもっとも完全な存在者に即して、本質存在と事実存在という二つの存在概念の関係を見さだめ、それなりに〈存在とは何か〉という問いに答えようと試みているのである。ハイデガー自身、カントがこの証明を否定する論拠にしている存在概念を主題的に問題にするのだが、それはのちに見ることにしよう。

そのカントに先立ってライプニッツもまた、

なぜなにもないのではなく、なにかが存在するのか。（『理性にもとづく自然と恩寵の原理』）

という、なんともすごい問いを立てている。「〈存在する〉とは何か」を真正面から問うているのである。この問いの意味ものちに考える。

これは別にハイデガーが言及しているわけではないのだが、ハイデガーと同時代の現代の哲学者でもウィトゲンシュタインがこの問いを真剣に問うている。ウィトゲンシュタインは、通常はハイデガー流の形而上学的思考を無意味だと言って嘲笑する英米の論理実証主義や分析哲学の思想的父祖とみなされているだけに、その発言は興味深い。

神秘的なのは、世界がいかにあるかではなく、世界があるということである。(『論理哲学論考』六・四四)

この体験を記述する最善の方法と私が信ずるのは、私がこの経験をするとき私は世界の存在に驚く、ということである。そのばあい私は、〈なにかが存在するとはなんと不思議なことだろう〉とか、〈世界が存在するとはなんと不思議なことだろう〉といった言い方をしたくなる。(一九二九年「倫理学講話」)

ウィトゲンシュタインはハイデガーと同年（一八八九年）の生まれであるが、直接ハイデガーに言及してこんなことも言っている。

私はハイデガーが存在と不安について考えていることを、十分に考えることができる。人間には、言語の限界へ向かって突進しようという衝動がある。たとえば、なにかが存在するという驚きを考えてみるがいい。この驚きは、問いの形で表現することはできないし、また答えなど存在しない。われわれがたとえなにかを言ったとしても、それはすべてアプリオリに無意味でしかない。それにもかかわらず、われわれは言語の限界へ向かって突進するのだ。（一九二九年、シュリック家での談話、「ハイデガーについて」）

ついでに言うと、ここでウィトゲンシュタインが共感を示しているのは、この年、つまり一九二九年に出されたハイデガーの講演『形而上学とは何か』（フライブルク大学就任講演）のなかの次の発言である。

不安の無の明るい夜のなかで、存在者としての存在者の根源的な開示がはじめて生起

する。(『形而上学とは何か』W 114)

そして、これもついでに付けくわえておくのだが、ハイデガーは後年この『形而上学とは何か』に「後書」を付け、そのなかで次のように言っている。

あらゆる存在者のうちひとり人間だけが、存在の声によって呼びかけられ、〈存在者が存在する〉という驚異のなかの驚異を経験するのである。(W 307)

ウィトゲンシュタインが「なにかが存在する驚き」と言い、ハイデガーが「〈存在者が存在する〉という驚異のなかの驚異」と言っているものが、プラトンやアリストテレスのあの「驚き《タウマッエイン》」に呼応するものであることは言うまでもない。

といっても、今挙げた多くの引用文は、読者にはなんのことだかまったくお分かりにならないと思う。今のところ、それでいっこうに差しつかえない。私はただ、〈存在とは何か〉という問いが西洋哲学の根本の問いだというハイデガーの主張が否定しがたいものだということを裏づけようとして、これらの発言を引用したのである。発言の意味はよくお分かりにならないまでも、プラトン／アリストテレス以来の偉大な哲学者たち、つまり思索のある深みにまで下り立った哲学者たちが一様に、〈存在者が存在する〉ということを不思議だと思い、それに驚き、そのことの意味を問おうとしたということはご記憶にとどめていただきたい。このことについては、のちにもう一度考えることにする。

ハイデガーが『存在と時間』の究極の狙いは「存在一般の意味の究明」にあると言うとき、彼は、自分もまた西洋哲学のこの根本の問いを〈反復する〉、つまり自分流のやり方で問いなおそうとすると宣言しているのである。

三 存在了解

では、われわれは〈存在とは何か〉という問いをどのように問えばよいのであろうか。『存在と時間』の「序論」でハイデガーは、「問い」というものの構造をもっともらしく分析してみせているが、それは無視しよう。はじめ読んだときには、このあたりに結構うならされたものであるが、繰りかえして読んでいると、これがかなり形式的な議論であることが分かってくる。同じ時代の『現象学の根本問題』(一九二七年夏学期)とか『論理学の形而上学的基礎』(一九二八年夏学期)といった講義を読んでみると、同じ事態を違った言い方で言ってみたり、もっとあっさり言ってみたりしているから、そうした形式的な議論にそれほど真面目につき合わなくてもよいことが分かってくる。彼の言いたいことだけを採りあげることにする。

ハイデガーは「存在者の存在は、それ自体、一種の存在者〈である〉のではない」(SZ 6)と言う。要するに存在は存在者を存在者たらしめるものであり、それ自体、一個の存在者ではないのだから、それを存在者のあいだに探しもとめても見つかりっこない。言いかえれば、ありとしあらゆるもの、〈あるとされるあらゆるもの〉をそのように〈あるもの〉たらしめているのが〈ある〉ということなのだから、それ自体は〈あるもの〉ではない、というのである。答えを先に言ってしまうことになりそうだが、もっとはっきり言えば、〈存在〉とか〈ある〉というのは一つの働きであり、その働きによって、ありとしあらゆるものが〈あるもの〉として見えてくるのだ、と言ってもよい。『存在と時間』の邦訳者の一人である松尾啓吉氏(勁草書房版『存在と時間』)が、普通〈存在〉と訳されるSein《ザイン》を〈存在作用〉と訳しているが、一見識だと思う。

ところで、そうした働きをおこなっているのは何者か。あるいはもっと正確に言えば、そうした働きの起こる場となっているのはどこか。人間なのである。ハイデガーはいわば存在《ザイン》作用の場《ダー》となっているという意味で、人間のことを〈現存在《ダーザイン》〉と呼ぶ。たしかに〈人間〉というのは、生物学的な意味でも文化的な意味でもさまざまに使われる曖昧な言葉である。ハイデガーも『存在と時間』においては、〈存在一般の意味の究明〉のためにのみ人間を問題にするのであるから、〈人間〉という曖昧な言葉の代わりに、その使用目的のはっきりした〈現存在《ダーザイン》〉という用語を使うのだが、それにはそれなりの理由があることになる。そこで、

　現存在が存在するかぎりでのみ、存在は〈ある《エス・ギプト》〉。(SZ 212)

ここで〈ある《エス・ギプト》〉という言い方がされているのは、これを〈ある《イスト》〉にしてしまうと、〈存在〉がふたたび〈あるもの〉、つまり〈存在者〉になってしまうからである。〈ある〉と訳すのが気に入らなければ〈与えられる〉、〈生ずる〉と訳し換えてもいい。現存在が存在するときにのみ、いわば存在作用が起こるということであり、同じことをハイデガーは、

　現存在が存在を了解するときにのみ、存在はある《エス・ギプト》。(ML 199)

存在は了解のうちにある《エス・ギブト》。（同上）

などと言い換えている。すべての存在者を存在者たらしめ、〈ありとしあらゆるもの〉といった見方を可能にする〈存在〉、あるいはアリストテレス流に言えば、〈存在者を存在者として全体的に〉見ることを可能にする〈存在〉とは、〈現存在〉つまり人間のうちで起こる一つの働きだということらしい。そして、この働きが〈存在了解〉と呼ばれる。『現象学の根本問題』では、これが〈存在企投《ザインスエントヴルフ》〉と言い換えられている。〈企投《エントヴルフ》〉〈企投する《エントヴェルフェン》〉は、英語では通常projectと訳されている。〈存在〉とは現存在によって企投されるなにか、projectされるなにかだということになる。こうして、〈存在とは何か〉という問いは、現存在の〈存在了解〉へ向けて問いかけられねばならないことになる。

ところで、ハイデガーの考えでは、そんなふうに現存在が存在を了解したり企投したりする仕方は一通りではないらしい。「現存在には存在了解がそなわっているだけではなく、この存在了解が現存在自身のそのときどきの存在様相にともなって発達したり崩壊したりする」(SZ 16)と言われている。「発達したり崩壊したり」ということで何が考えられているのか、これだけではよく分からないが、現存在のあり方に応じて存在了解の仕方も変わるということである。

とすると、存在の意味を問うにしても、「本来的な」あり方をしている現存在、現存在らしいあり方をしている現存在の存在了解に問いかけなくては、存在の真の意味を捉えることはできないことになろう。だが、本来的、非本来的と言っても、ここに宗教的な基準や道徳的な基準を持ちこむことはできない。その基準はあくまで現存在の存在構造に即したものでなければならないのだ。つまり、その存在構造に照らして、それを十全に満たしているあり方が本来的なあり方、与えられた存在構造を十分に満たしていないようなあり方が非本来的なあり方だと考えればいい。

となると、まずしなければならないのは、現存在の存在構造を確定することである。その上で、それに照らして本来的なあり方をしている現存在の存在了解に問いかけて、はじめて存在の真の意味を捉えることができることになる。〈存在一般の意味の究明〉にとりかかるための準備作業として現存在の分析がおこなわれなければならないのは、こうした理由からである。『存在と時間』の既刊部はこの準備作業に当てられているのだ。

第一部第一篇では、まず現存在の分析論、つまり現存在の存在構造の確定がおこなわれる。が、これもそう簡単なことではない。現存在に接近し、その存在構造を確定するには、

「その存在者を、それがさしあたり、またたいていのばあい存在しているありさまで、すなわちそれの平均的な日常性において示す」必要がある。そして、「この日常性に即して、どちらでもよい偶然的な構造ではなく、事実的現存在のいかなる存在様相のなかでもその存在を規定している性格として一貫している本質的な諸構造を取り出さなくてはならない」(SZ 16–17)のである。

四　世界内存在

こうして、第一部第一篇「現存在の準備的基礎分析」においてハイデガーは、現存在のその基礎構造を〈世界内存在(In-der-Welt-sein《イン・デア・ウエルト・ザイン》)〉と規定する(SZ 41)。すでに「序論」でも、「現存在には本質上、〈なんらかの世界の内に存在する〉ということが属している。したがって、現存在に属している存在了解は、同じくらい根源的に〈世界〉というようなものの了解と、世界の内部で出会ってくる可能性のある存在者の存在についての了解にも及んでいる」(SZ 13)と言われてはいたが、しかし、〈世界内存在〉などという彼自身が造語したあまりこなれのよくない特殊な用語をここで持ち出してくるその持ち出し方はまったく唐突である。細谷貞雄氏の言う「異常な飛躍」がここにもある。

〈世界内存在〉というこの概念の成立にはいくつもの動機が働いており、私も旧著『ハイデガー』(岩波書店「20世紀思想家文庫」)でそれを数えあげたことがある。ハイデガーの師のフッサールの後期の思想で重要な役割を果した〈生活世界〉や〈世界経験〉といった概念、ルカーチの『歴史と階級意識』(一九二三年)に現われる〈物象化〉という概念、カッシーラーの『シンボル形式の哲学』(一九二三―二九年)の〈シンボル概念〉などが〈世界内存在〉という概念形成の重要な動機になっていることをそこで明らかにしたが、ここではそれは繰りかえさない。

一つだけ、ハイデガーの〈世界内存在〉の概念の直接の源泉になったと思われるマックス・シェーラーの〈世界開在性〉の概念と、さらにその形成を促がしたヤーコプ・フォン・ユクスキュルの〈環境世界理論〉にだけふれておこう。のちにおこなう『存在と時間』未刊部の再構成の作業にも絡んでくるからである。

『存在と時間』公刊前後の講義録を読むと、〈世界内存在〉というこの概念がこの時代の生物学思想を、少なくとも起源の一つとするものであることは明らかなのだが、不思議なことに『存在と時間』においては、そうした起源や右のような思想的系譜にはほとんどふれられていない。その起源にふれないようにしようとするために、こんなにも唐突にこの概念を持ち出すことになったのだろうと思うが、どうもその起源を考え合わせた方が、私にはこの概念がはるかに理解しやすくなるように思われる。そこで、『存在と時間』での記述を離れることにはなるが、そのあたりを見ておきたい。事柄を理解することが大事だからである。

ヤーコプ・フォン・ユクスキュル(一八六四―一九四四)はエストニアの貴族の家に生まれ、ほとんど在野の研究者として終始しながら、今世紀初頭生物学界に革命的と言ってもいいほどの大きな転回を惹き起こし、現代の生態学や動物行動学に道を開いた生物学者である。近代のいわゆる物理学帝国主義の支配下にあっては、生物体も一個の物理的対象とみなされ、もっぱら物理・化学的方法で研究されてきた。そのため、近代の生物科学といえば、物理科学的方法と牴触しない分類学と解剖学、それにもっぱらこの解剖学に基礎を置く機械論的生理学に尽きていた。ユクスキュルは時代のそうした支配的風潮に逆らって、生物体は、それがおのれに固有な環境世界とのあいだにとり結んでいる機能的円環関係のうちで捉えられねばならないと主張し、〈環境世界《ウムウエルト》理論〉を提唱した。

彼の考えでは、動物はそれぞれの種に応じて、その感受しうる可能的刺戟の総体と反応可能なものの総体とからなる固有の環境世界を有している。ハエの環境世界には「ハエの物」、ウニの環境世界には「ウニの物」があるのだ。生物体はそうしたおのれの環境世界に適応し、その環境世界との機能的円環関係のなかで自分の有機的統一性を維持している。したがって、その生物体を環境世界から切り離し、実験室に連れこんで、それを解剖したり実験の対象にしたりするのでは、もはや生物体を生物体として扱っていることにはならない。生物体は、あくまでそれがその環境世界に適応し、そこで生きているがままのあり方で捉えられなければならない、とユクスキュルは主張したのである。彼はその主張を、『動物の環境世界と内的世界』(一九〇九年)や『生物学的世界観への礎石』(一九一三年)などで展開し、『理論生物学』(一九二〇年)に集大成したが、[1]彼のこうした思想、今日なら当然すぎるほど当然なこの思想は、当時の生物学界では完全に黙殺された。それをいちはやく評価し、広く知的世界に紹介したのが哲学者のマックス・シェーラー(一八七四―一九二八)である。

シェーラーは、一時期フッサールの現象学に共感し、フッサールに師事しながら、その後意見を異にして離れていったいわば異端の弟子であるが、それでも心理学の改造から出発したフッサールの現象学の初発的発想をかなり忠実に承け継ぎ、当時進行中だった生命科学（生物学、生理学、心理学など）の諸領域での方法論的改革の運動のもつ哲学的意味に着目して、この運動の推進に協力した。ユクスキュルの業績にも第一次大戦前から注目し、周囲の人たちに推奨していたというが、彼自身もそれに触発されて、晩年には〈哲学的人間学〉――むしろ〈哲学的人類学〉と訳すべきであろう――の構想を立てている。その構想は、死の前年一九二七年におこなわれた講演『宇宙における人間の地位』（一九二八年刊）においてスケッチされている。

それは、ユクスキュルにならって人間をもその固有の環境世界との機能的円環関係のなかで捉えようとするものであるが、しかし、その際シェーラーは、一般の動物がその生物学的環境に完全にとりこまれ、そこに繫ぎとめられ縛りつけられている――〈環境世界《ウムウェルト》繫縛性〉――のに対して、人間はおのれの生物学的環境からある程度脱け出し、それにある距離をとり、〈世界《ウェルト》〉というもっと広大な場面を構成し、それに開かれて生きている――〈世界《ウェルト》開在性〉――と考え、そこに人間を他の動物と分かつ特殊性を見ようとする。

彼の哲学的人類学の構想が具体的に展開されたなら、生物学や生理学や心理学の新たな動向を踏まえたこの世界開在性の具体的で体系的な分析が試みられたのであろうが、それは彼の突然の死によって妨げられてしまった。しかし、その理念は、やがてシェーラーの影響を強く受けながら、ドイツの現象学をフランスに移植することになったメルロ＝ポンティの『行動の構造』(一九四二年)において、多少違った視角からではあるが、具体化されることになる。

ついでにふれておくと、生物学界そのものにおいては無視されていたユクスキュルの新たな発想は、シェーラーを介して、コンラッド・ロレンツ、アドルフ・ポルトマン、ヴィクトール・フォン・ヴァイツゼッカー、ボイテンディク、ベルタランフィといった、一九三〇年代以降に活躍することになる次世代の生物学者たちを育てることになる。

それはともかく、ハイデガーの〈世界内存在〉という概念の形成に、ユクスキュルやシェーラーのこうした着想が大きな影響を与えたにちがいないことは、たとえば一九二五／二六年冬学期の講義『論理学――真理への問い』(全集第二一巻)の次のくだり(二一四―二一六ページ)を見ても明らかであろう。

われわれがこうして、現存在を世界内存在という構成によって規定すると、そうした現存在解釈の根底にはある一般的な生物学的構造が据えられている、と簡単に言われてしまいそうである。今一般的な生物学的構造と言ったのは、ある意味では世界内存在というこの性格は動物や植物にも帰属するし、それらも、それが存在するかぎりおのれの世界を、つまり広い狭いの差はあるにしても、それぞれ特定の環境世界を有しているからである。したがって、こうした地平で人間という意味での現存在が見られるなら、世界内存在というこの存在規定も、一つの世界をもつというこうした一般的な類的規定の一種にすぎないことになろう。

もっとも、ハイデガーはここでこうした見方を受け容れようというわけではない。むしろ、ともすればこういう見方をされそうだが、それは話が逆なのであって、動物や植物にそうした構造が帰属せしめられるのも、それはわれわれがあらかじめ自分自身の現存在に即してこの構造を了解しているからだ、と反論したいのである。つまり、生物学者が生物学者にとどまるかぎり、彼には自分の対象である動植物からこうした構造を読みとることはできないのであり、それができたとすれば、生物学者はその際、自分自身の存在に即して了解されたその構造、つまり世界内存在という構造を前提にしていたからであり、そうだとすれば、生物学者はそのとき、生物学者としての限界を越え出て哲学者として考えていたのだ、と主張する。そして、さらに続けて、次のように言っている。

事実、近代生物学の展開、ことに一九世紀におけるその展開の過程で、たとえまったく一般的な特性描写とまったく漠然とした概念においてであれ、動物や、ある意味では植物でさえもが一つの世界を有しているという、この構造がさまざまに論じられてきた。私の知るかぎり、こうした事態にふたたび——というのも、すでにアリストテレスがそれを見てとっていたからなのだが——出会った最初の人は生物学者のK・E・フォン・ベーアである。彼はそのさまざまな講演のなかで——と言っても、本来の主題としてではなく、事のついでに——この構造に言及していた。最近フォン・ユクスキュルがその刺戟を受けて、この問題を、たしかに哲学的な意図からではなく、生物学固有の研究の連関においてではあるが、主題的に論じてきている。

ちなみに、『存在と時間』ではフォン・ベーアの名前は挙げられているが、ユクスキュルへの言及はない。講義ではわりに率直に語るが、著作ではなかなか本当のタネを明かそうとしない、一筋縄ではいかないところのある思想家なのである。また、ハイデガーがユクスキュルの業績を知ったのがシェーラーを介してであろうことも、疑いない。すでにフッサールと疎遠になっていたシェーラーにハイデガーが接近し、かなり頻繁な往来のあったことは、一九二八年のシェーラーの死の直後に、ハイデガーが講義を中断しておこなった追悼講演（ML 62f）からも知られている。シェーラーの影響は、著作を通じてよりも喫茶店でのおしゃべりを通じての方が多かったと伝えられているが、ハイデガーも〈哲学的人類学〉の構想や〈世界開在性〉の概念を、シェーラーから口頭で教えられたと考えてよいであろう。『存在と時間』でも一箇所だけ、一三七ページに、まるで消し忘れたかのように「世界開在性」というシェーラーの用語が残っている。

今の引用箇所ではハイデガーはずいぶん廻りくどい言い方をしていたが、つまるところこう言っているのである。つまり、〈世界内存在〉という概念は〈環境内存在〉とでも言うべき一般的な生物学的構造を人間に適用しただけではないかと言われそうだが、話はむしろ逆で、生物学者が生物のこうした一般的存在構造を確定できたのは、彼があらかじめ哲学者として〈世界内存在〉という自分自身の存在構造を了解していたからだ。哲学が生物学の影響を受けたのではなく、むしろ生物学が哲学を基底に据えているのだ。と、いかにも同時代の生物学からの影響を否定するかのような口ぶりではあるが、しかし、よく読んでみれば、彼は、実証的な生物学的研究からは〈環境世界理論〉のようなものは生まれないのであって、こうした理論を形成するときユクスキュルは生物学者としてではなく哲学者として考えていたのだと言っているだけであって、けっして自分が受けたユクスキュルからの影響を否定していることにはならない。案外語るに落ちるといったかたちで、ついぽろりと本音を洩らしたようにも思われるのである。

このほか、『存在と時間』を書いたあとのことだが、ハイデガーは、一九二九／三〇年冬学期の講義『形而上学の根本問題――世界・有限性・孤独』においても、〈石は世界をもたない《ウェルトロース》〉〈動物は世界《ウェルト》が貧困《アルム》である〉〈人間は世界形成的《ウェルトビルデント》である〉という三つのテーゼを軸にして一種の階層理論を展開している。そこでも動物の存在構造を解明する際に彼は、同時代の生物学の知見をふんだんに援用しているし、シュペーマンやユクスキュル、シェーラーらの名前を挙げており、そのあたりからも彼の生物学への関心が一通りのものでないことが知られる。なにしろ生物学が大変革をとげつつあった時代である。シェーラーのような人が身近かにいたのに、それに無関心でいるということの方が考えにくい。もっとも、この講義でのハイデガーの解明そのものは、けっして上出来とは言えないものだが。

ハイデガーのこの〈世界内存在〉の概念を自分流のやり方で継承したメルロ＝ポンティが、

『行動の構造』(一九四二年)でこの概念を動物に、たとえばチンパンジーに適用しているが、これも、一方でメルロ＝ポンティが、おそらくリトアニアからの亡命者アロン・ギュルヴィッチを介して、シェーラーに近い線で現象学を摂取したことを思い(2)、他方でハイデガーのこの概念がシェーラーの〈世界開在性〉の概念につながるものであることを考え合わせれば、それほど筋違いな適用ではないことが納得できよう。

『存在と時間』を読んでいるだけではうかがい知ることができないが、同時代の講義録を読んでみると、〈世界内存在〉が相当程度生物学由来の概念であることは明らかに見てとれる。

五 〈世　界〉

『存在と時間』第一部第一篇「現存在の準備的基礎分析」では、〈世界内存在〉という現存在の基本的な存在構造を形成している〈世界〉〈内存在〉、そして世界内存在するのは〈誰〉かという三つの構造契機に即して、現存在の分析が推し進められる。いまその一々についてふれるつもりはないが、これからの論旨に関わりのあるかぎりで、いくつかのことにふれておきたい。

まず〈世界〉についてであるが、先ほども述べたように、この〈世界〉は、動物にとっての〈環境世界〉とのある種のアナロジーで考えられている。動物にとっての〈環境世界〉がその動物の位置している地理的な場所を意味するわけではなく、その動物が感受し反応しうる刺戟の総体を意味し、それぞれの種に固有なものであり、その動物と切り離しては考えられないものであるのと同様に、〈世界〉もまた現存在の位置している地理的な場所などではなく、現存在の存在そのものに属している構造と言ってよいようなものである。ただ、ハイデガーは『存在と時間』においては、先ほどふれたような〈世界〉についての生物学的発想からはまったく離れて、われわれにとってもっとも身近なものである〈道具〉のあり方を手がかりに、この〈世界〉の分析をおこなっている。まず、それを見てみよう。

一般に道具というものはそれだけ孤立して存在するということはない。金槌は釘を打つために、釘は板をとめるために、といったふうに、道具は〈……のために〉というかたちでたがいに指示し合い、一つの連関をなしている。というよりはむしろ、一定の道具連関、つまり道具立てのうちにあってはじめて道具は道具として存在するのであり、個々の道具よりも道具連関の方が存在論的には先行している。つまり、一定の道具連関のなかではじめてこの金槌、この釘が必要に応じて作り出されるのであり、孤立した道具がまず存在し、それが寄せ集められて道具連関が形成される、というわけではない。

では、こうした先行的な道具連関を成り立たせているものは何であろうか。それは、現存在がそのつど自分自身の可能性を気にかけているその〈気がかり〉であろう。つまり、明日も今日と同じように無事に生きていたいと自分の〈存在可能《ザインケネン》〉を気にかけるからこそ、雨露をしのごうとして家を建て屋根をかけようとするのであり、その気がかりから柱や板や釘や金槌をふくむ道具連関が発出してくるのである。このように、現存在が自分自身の可能性を気にかけるその気がかりに収斂していく道具連関の総体を成り立たせている構造を、ハイデガーは〈有意味性〉と呼んでいる。この有意味性こそが、当面〈世界〉を世界たらしめているもの、世界の〈世界性〉なのである。

ハイデガーの考えでは、こうした道具連関からはずされ、引き離され、その使用価値を剝ぎとられていわば物理学的認識の対象にされ、物理学的特性の集合とみなされるようになった存在者、つまり客体的な存在者は、道具のような用具的存在者の欠如態、つまりその一種の変容なのであり、存在者はまず初次的には用具的に存在しているのである。通常考えられているように、物理学的特性の集まりである即自的な物がまず存在し、それに二次的に使用価値やらその他さまざまな価値が貼りつけられて道具になるということではけっしてないのだ。

ハイデガーのこうした考え方は、ひどくプラグマティックなものに思われよう。たしかに同時代のアメリカのプラグマティズムをまったく意識しなかったわけではないであろうが、ハイデガーは、それよりもむしろ古代ギリシア人、殊にアリストテレスのものの見方を踏襲しているのである。よく言われることだが、古代のギリシア語には、ラテン語のres《レース》や英語のthingにあたる名詞、つまり客体的な物を指す名詞がなく、あるのはpragma《プラーグマ》(道具)という言葉だけである。その意味では、古代ギリシア人はきわめてプラグマティックだったと言えよう。アリストテレスの存在論は、そうした古代ギリシア人のものの見方を理論化したものであり、ハイデガーはそれを現代風に言いかえてみせているのである。

それはともかく、ひどく大雑把な言い方をしてみれば、〈世界〉とは、現存在の自己自身の可能性への気づかいから発出し、そこに収斂してゆく意味の網目——カッシーラーの用語を借りれば、〈シンボル体系〉——なのであり、これはある意味で現存在によって組織されたものである。そして、われわれの出会う存在者は、すべてこの世界のなかで〈世界内部的〉なものとして出会ってくる。と、たしかにここではハイデガーは、道具連関を手がかりに世界の世界性を解明してみせるのであるが、しかしそれはあくまで〈手がかり〉にすぎないのであって、道具連関がそのまま世界だというわけではない。事実、彼は『存在と時間』の二年後に発表された『根拠の本質について』(一九二九年)のある脚注でこう述べている。

ひとがもし使用物つまり道具の存在者的《オンティッシュ》な連関を世界と同一視し、世界内存在を使用物との交渉と解するとしたら、世界内存在としての超越を〈現存在の根本構造〉という意味で理解することは、むろん見込みがない。もっとも――道具として発見されているかぎりでの――〈環境世界的〉な存在者の存在論的構造は、世界現象の最初の特性描写に際しては、この現象の分析への橋渡しをし、世界に関する超越論的問題を準備するという利点をもっている。事実また、これが(『存在と時間』の)第一四―二四節の編成と構図のうちに十分明示されている環境世界分析のただ一つの狙いなのであり、この分析は全体としては、また主導的目標に照らしてみれば、従属的な意義しかもたない。(W 155n)

ここで「主導的目標」と言われているのが〈存在一般の意味の究明〉であることは言うまでもない。その主導的目標に比べれば、第一部第一篇での環境世界分析が「従属的」なものでしかないというのはいいとしても、全体として何を言おうとしているのかはっきりしない。まず、〈環境世界《ウムウエルト》〉と〈世界《ウエルト》〉という用語の使い方が不適当である。これらの概念が、シェーラーの生物学的な〈環境世界《ウムウエルト》〉と人間的〈世界《ウエルト》〉という概念の継承であることは明らかである。ハイデガーはここで、道具連関のような存在者的レベルに〈環境世界〉を、それを可能にする存在論的なレベルに〈世界〉をふり分けようとしているのだが、これには無理がある。彼が設定している〈環境世界〉＝存在者的《オンテイッシュ》、〈世界〉＝存在論的《オントローギッシュ》という対応関係は成り立たない。道具の存在者的連関は、やはりあくまで人間的〈世界〉に属する現象だし、〈環境世界〉は〈世界〉とともに存在論的概念であるはずだからである。

上記の引用文をこまかく読んでいくと、㈠使用物つまり道具、つまりは環境世界的存在者の存在者的《オンテイッシュ》な連関、その連関の存在者的なレベルでの分析、環境世界分析、㈡その存在論的構造（有意味性）、㈢世界内存在としての超越、世界現象、世界に関する超越論的問題、こういう三つのレベルを区別した上で、㈡は㈢への橋渡しとして、㈢を準備するものとして役に立ちはするが、「主導的問題」つまり〈存在一般の意味の究明〉に結びつくのは㈢であって、㈠㈡は、それにとって「従属的意義」しかもたない、だから㈠と㈢を混同してはならない、と言っているのである。ここでハイデガーは、〈存在者的―存在論的〉という区別と、〈環境世界―世界〉という区別を混同し、いわばカテゴリー混同の誤りを犯しているのであるが、それはともかく、道具連関に、あるいはその存在論的構造である〈有意味性〉にさえ還元されえない〈世界〉ということで、いったい彼は何を考えているのか。

ハイデガーは、やはり第一部第一篇の第六章(SZ 184f)で「不安」という根本的な気分を問題にしているが、そこで彼は世界のまったく異なったあり方、無意味性としての世界のあり方を示している。彼の言うところを聞いてみよう。

ハイデガーによれば、不安は、たとえば怖れのようになにか特定の世界内部的存在者に対して生ずる感情ではない。怖れにおいては、われわれはなにかを怖れる。怖れにははっきりした対象がある。それに対して、われわれは不安を感じているときには、よく「なんとなく不安だ」という言い方をするし、不安が去ったあと、「結局なんでもなかったのだ」と自分に言いきかせる。ハイデガーはそこから、われわれが不安を感じるのは〈無〉に対してなのだと主張する。「不安が無をあらわにする」(W 112)のである。たしかに不安のなかでは、たとえば道具のような世界内部的存在者の個々のたたずまいはわれわれにとってどうでもよくなり、「世界がまったく無意味という性格を帯びる」(SZ 186)ようになる。しかしそれは、ハイデガーによれば、けっして「世界が不在になる」ことではなく、「世界内部的存在者がそれ自体においてまったく重要性を失い、世界内部的なもののこの無意味性を地にして、ただひとり世界だけがその世界性においてなおも迫ってくる」(SZ 187)ということなのである。彼はまた、「不安をおぼえることこそが、世界を世界として根源的かつ直接的に開示する」(SZ 187)とも言う。『形而上学とは何か』(『道標』所収)において、「不安の無の明るい夜」(W 114)という奇妙な言い方がされるのも、不安という根源的な気分のもつこうした「際立った開示性」(SZ 184)を指し示そうとしてのことなのである。

それにしても、ハイデガーはこの分析を通して何が言いたいのであろうか。道具連関を手がかりにして世界の世界性を有意味性として析出したあの分析と、そこでは世界内部的な存在者がすべて無意味になってしまうような、不安のなかで開示される世界についてのこの記述はどう関連するのであろうか。

ハイデガーによれば、不安のうちでこそ世界が世界として「根源的かつ直接的に」(SZ 187)開示される。そしてそのとき、世界内部的存在者の総体が無意味になってしまうのである。ということは、道具への日常的な配慮のうちで生きているときには、世界内部的な存在者の有意味な連関の総体と、それが現われ出てくる場である世界とがまったく重なり合い、同じものとして見える。が、両者のあいだには実は明確な存在論的差異があるということであり、そしてそのつどの世界のあり方——つまり、そこに現われるすべての存在者を有意味なものたらしめる意味の網目としてあるか、それらをすべて無意味なものたらしめるようなものとしてあるか、というそのあり方——は、徹頭徹尾現存在がおのれの可能性をどんなふうに気づかうかその気がかりに懸かっているということである。

現存在はその本質において〈世界形成的〉である。(W 158)

現存在が世界を生起させる。(W 158)

自由によってのみ現存在は一つの世界をあらしめ、それを世界として現出させる。(W 164)

世界《ウェルト》はけっして存在するものではなく、世界として生起《ウェルテン》するのだ。(W 164)

こういった言い方でハイデガーが言い当てようとしているのは、右のような事態なのである。ということは、道具連関を成り立たせるような世界のあり方が世界のただ一つのあり方ではなく、もっと違った世界のあり方も可能だということである。彼はしばしば「なんらかの世界《アイネ・ウェルト》」といったふうに世界に不定冠詞を付けるし、また「用具的に存在する道具そのものの用具性の了解は一つの世界了解である」(GP 429)といった言い方をする。別の世界了解、世界を組織する別の仕方も可能なのである。

　となると、『存在と時間』第一部第一篇での世界分析は次のような手続きを踏んでいることになろう。つまり、現存在がおのれ自身の本来的かつ究極の可能性を気づかうことを避け、「世界内部的存在者のもとへ逃亡し」(SZ 89)、用具的存在者への配慮に専念し、「さしあたって配慮されている環境世界的な用具的存在者のうちに〈おのれ自身〉を見いだしている」(SZ 89)ときは、先に析出されたような道具連関を可能にする意味の網目が現出してくる。ハイデガーが世界分析の「手がかり」にしたのも、こうした道具連関というかたちに組織されている世界であった。だが、先ほどもふれたように、これはあくまで手がかりにすぎないのであり、彼はそれを足場にして、一種の本質直観によって、これも先ほど見たような世界一般の本質構造を看取する。〈本質直観〉は、ハイデガーの先生のフッサールが提唱した現象学のもっとも基本的な方法であり、具体的個別的な事象からその事象の本質構造を見てとる方法である。ただ、フッサールのばあい、本質直観の出発点に据えられるのは実在的事例であっても単に想像されただけの事例であってもかまわなかったのだが、ハイデガーにあってはその出発点は任意に選ばれるわけにはいかない。それはあくまで、ハイデガーに前もって現実に与えられている事例でなければならない。フッサールのように宙にただよう可能的事例をではなく、自分自身に現実に与えられているものから出発するというところに、ハイデガーのいわば実存主義があると言えば言えないことはない。このばあいも、出発点に据えられるのは、彼自身に前もって与えられている世界、つまり道具連関や、さらにはそれを成立せしめている目的－手段の指示関係によってすべてが組織されている現代ヨーロッパ世界でなければならないのである。だが、それを出発点としながらも、そこから世界一般の本質構造を看取することによって、出発点となった現実的世界がただ一つそれしかありえないといったものではなく、世界には他のあり方も可能であること、いやさらには、現存在がおのれの可能性への関わり方を変えることによって、世界のあり方も変わりうるということさえ見えてくるのである。先ほどの不安のうちで開示される世界の記述は、いわば本質直観によって看取された世界一般のもつ実存論的構造に、事実的経験による裏づけを与えようとするものだと考えることができよう。

六　〈内存在〉

次いでハイデガーは、そうした〈世界〉の内に存在するその〈内存在〉に分析の眼を向ける。〈内存在〉といっても、それは箱のなかにアメが入っているといった空間的な意味合いのものではありえない。〈世界〉とは、現存在がおのれの可能性を気づかうその気づかいから発出した意味の網目のようなものだった。この意味の網目は、ある意味では現存在が形成したものなのだが、しかし気がついたときには、その網目のうちにとりこまれ、それに適応しながら生きなければならないといったものである。世界を能動的に形成する働きを、ハイデガーは〈企投〉と呼ぶ。英語では project と訳される言葉である。一方、気がついたら世界に投げこまれ、そこにとりこまれているあり方を、彼は〈被投性〉と呼ぶ。〈内存在〉は、この企投と被投性が同じくらいの根源性をもって分かちがたく絡み合ったあり方である。被投的企投、つまり受動的能動とも言うべきこの〈内存在〉をハイデガーはこまかく分析し、現存在が世界の内に存在するその〈内存在〉の全体的構造――ハイデガーに従って、それをもっと十全なかたちで言い表わすと、〈おのれに先立って－すでに（ある世界）の内で－（世界内部的に出会ってくる存在者）のもとにあること〉（SZ 327）というややこしいことになるのだが――を〈関心《ゾルゲ》〉という概念で捉える。こうして、平均的な日常性におけるあり方を手がかりにして、現存在の本質的な存在構造が看取されたことになる。

このように、存在者――いまは現存在――からその存在者の存在へと視線をさかのぼらせることを、ハイデガーは彼なりの定義による「現象学的還元」（GP 29）と呼んでいる。九鬼周造によれば、(3)現存在からその関心構造へ遡行するのは、その還元の第一階梯ということになる。ハイデガーはさらに現存在のこの一般的な本質構造に照らして、現存在の本来的かつ全体的なあり方を見さだめた上で、そうしたあり方を統一的構造として成り立たせているもの、つまり現存在の存在（＝関心）の存在論的意味を問い、それが時間性であることを明らかにする。このように関心構造からその意味としての時間性へ遡行するのが還元の第二階梯ということになり、第一部第二篇がそれに当てられる。ハイデガーがそこで採っている手続きは実に手のこんだものであり、いったいその手続きが正当な手順を踏んでいるのかどうかさえ見きわめにくいくらいだが、むろんその一々を追ってみる暇はない。そのいわば結論だけを見ておくことにしたい。

第一部第一篇で、現存在の存在の全体的構造が関心《ゾルゲ》として解釈されたのであるが、はたしてこの解釈は根源的解釈と言えるだろうか。ハイデガーによれば、根源性とは全体性と本来性とを含意する(SZ 33, 306)。したがって、この解釈が根源的なものでありうるためには、そこで解釈されている当の現存在がその全体性と本来性において捉えられていなければならないことになる。しかるに、これまでの現存在の分析は、現存在の平均的日常性に即しておこなわれてきた。まず現存在のよくよく一般的な本質構造を捉えるのがねらいだったので、平均的日常性を生きている現存在のあり方が俎上にのせられたのである。日常性とは誕生と死とのあいだの不定の時間でしかなく、そこには真の全体性が欠けている。また、その実存もただ存在可能(Seinkönnen《ザインケネン》)として、本来性非本来性に関わりのない中性的なかたちで論じられていたので、そこには本来性もまた欠けていたことになる。してみれば、現存在の存在を関心として捉えただけでは、この存在を根源的に捉えたことにはならない。

そこでハイデガーは、そこより先にはもはやいかなる可能性もありえない究極の可能性である自分自身の死との関わりのうちで現存在を捉えれば、現存在にその全体性と本来性とを与えることができるにちがいないと考える。たしかに現存在にとって自分自身の死は、誰にも代わってもらうことのできない「もっとも自己的な」、「他とかかわりのない」、「追い越すことのできない」、「確実な」、それでいていつ襲ってくるか「不定な」可能性である(SZ 260)。現存在の存在構造には、おのれの可能性と関わり、「おのれに先立ってある」という構造がふくまれているが、「おのれに先立ってある」そのあり方を、こうした究極の可能性であり、誰にも代わってもらうことのできないもっとも自己的な可能性である自分自身の死にまで先駆け、それに覚悟をさだめている様態、つまりその「本来的な全体存在可能」(SZ 301)への関わりにおいて捉えるなら、現存在をその全体性と本来性において捉えることになるはずである。「はずである」というのは、ハイデガーはここではこれを単なる理論的可能性として構想しているだけなのであるが、彼は次にこの理論的構想――彼の用語で言えば「実存論的な企投」――が事実的な裏づけをもちうること、つまり実存的にも可能であるということを、「良心」の現象(SZ 207f)に即して確かめようとする。このあたりの方法的手続きは、実によく考えぬかれているし、それだけに煩瑣でもある。それについての考察は省略し、よくよく大雑把な結論だけを見てみたい。

七　時間性

第一部第二篇の冒頭で、こうして〈関心〉といういわば中性的な構造が死への〈先駆的覚悟性〉へと様態化され、それによって現存在に全体性と本来性が保証されたわけであるが、次にハイデガーはそうした先駆的覚悟性の意味、つまりそれを可能ならしめているものを「時間性(Zeitlichkeit《ツァイトリヒカイト》)」(SZ 303f)として捉える。

というのも、先駆的覚悟性というのは、究極の可能性である自己の死にまで先駆けてそれに覚悟をさだめることによって真の自己に到来する(zu-kommen《ツー・コメン》)ことだが、それはあった(gewesen sein《ゲウエーゼン・ザイン》)がままの自己に立ちかえり、それを引き受けなおすことでもあり、そのようにして能動的に自己の置かれている状況を現前せしめ(gegenwärtigen《ゲーゲンウエルテイゲン》)、それに直面することでもあるからである。ハイデガーはここで、zukommen《ツーコメン》から Zukunft《ツークンフト》(将来)を、gewesen sein《ゲウエーゼン・ザイン》から Gewesenheit《ゲウエーゼンハイト》(既在性)を、gegenwärtigen《ゲーゲンウエルテイゲン》から Gegenwart《ゲーゲンウアルト》(現在)を導き出す。これを単なる言葉の遊び《ウォルトシュピール》と片づけるわけにもいかないであろう。こうしてハイデガーは、先駆的覚悟性という構造、ひいては関心構造を成り立たせているのは時間性だと主張する。そして、ここで経験されているものこそが時間の根源的現象、つまり「根源的時間」(SZ 329)だと言うのである。

ハイデガーの考えでは、時間というものは根源的には「存在する」ものではなく、

sich zeitigen《ジッヒ・ツアイティゲン》するものである。この言葉は、『存在と時間』のほとんどすべての邦訳で「時熟する」と訳されているが、私はこれは誤訳だと思う。たしかに zeitigen《ツアイティゲン》は「時間」「時」を意味する Zeit《ツアイト》を無理に動詞化したあまり使われることのない動詞であり、独和辞典を引くと「熟させる」「もたらす」「化膿させる」といった訳語が当てられている。そこから再帰形にされた sich zeitigen《ジッヒ・ツアイティゲン》に適当に「時熟する」という訳語を付け、〈時間として熟する〉といった意味をもたせようとしたのであろうが、「時熟する」などと言われたってなんのことだかさっぱり分からない。辞典の「熟させる」という訳語は、たとえば柿の木が時の経過とともに青い実を赤く熟させるといった意味であろう。sich zeitigen《ジッヒ・ツアイティゲン》と再帰形にして「熟する」という意味で使われるかどうかよく分からないが、おそらくハイデガーはこの言葉をそうした辞書的な意味から離れて自分流に使っているのだと思う。つまり、めったに使われることのないこの言葉を拾い出し、その造りに即して「おのれを時間化する」という意味に使おうというつもりなのだろう。「時間性は存在するのではなく、おのれを時間化する」(SZ 328)というのもおかしな言い方だが、時間性は存在者のように存在するものではなく、おのれを時間化する、おのれを時間として生起させる働きとしてあるものだと言いたいのである。もう少しくわしく言えば、〈現在〉のうちにいわば差異化が起こり、ズレが生じ、通常〈未来〉とか〈過去〉とか呼ばれている次元が開かれ、時間という場が繰りひろげられる事態を、〈おのれを時間化する〉〈おのれを時間として生起させる〉といった言い方で言い当てようとしているのである。これについては、のちにまた考えてみなければならない。

ハイデガーの考えでは、われわれが通常「時間」ということで考えているもの、つまり時計で計られるような「等質的な今の継起」としての時間は、こうした根源的に生起する時間のよくよくの派生態でしかないのである。

ハイデガーは、この根源的時間の第一の特性としてその脱自的《エクスタシス》性格を挙げる。ギリシア語のエクスタシスは、もともとは「おのれの外に脱け出して立つ」という意味であり、そこから「忘我」「恍惚」「エクスタシー」という意味で使われた言葉であるが、ハイデガーはこの言葉をその原義に即して考えている。つまり、根源的時間としての時間性は、ベルクソンの「純粋持続」とかフッサールの「意識流」とかのような、自己閉鎖的な流れなどではなく、外に開かれたものだと言いたいのである。つまり、Zukunft《ツークンフト》(将来)の zu…《ツー》(真のおのれ「へ《ツー》」の到来《クンフト》)、Gewesenheit《ゲウエーゼンハイト》(既在性)の zurück auf…《ツーリュック・アウフ》(あったがままのおのれ「へ」立ちかえる)、Gegenwart《ゲーゲンウアルト》の bei…《バイ》(状況の「もとに」現前する)が示しているように、それぞれがおのれから脱け出してどこかへ向かうという性格をもっている。そこからハイデガーは、将来・既在・現在を時間性の「脱自態《エクスターゼ》」(SZ 329f)と呼ぶ。それぞれが自己充足的な構成単位であって、それが集って時間性が構成されるというのではなく、一種の内的分岐によって生じた単位であり、おのれの根拠をおのれ以外のところにもっているという意味と、そのようにおのれを時間として生起させることによって〈世界〉という場面が開かれるという意味と、二重の意味で脱自的な単位であるということを言わんとするらしい。時間性はこうした諸脱自態の統一体というかたちで生起するのだ。これについてものちにまた考える。

ハイデガーは根源的時間である時間性の第二の特性として「将来の優位」を挙げる。本来的時間性は、おのれの究極の可能性である死への先駆から、つまり将来から生起するのである。彼がその第三の特性として挙げるのは「有限性」である。これも特に説明の要はあるまい。根源的な時間は、けっして「無限で等質的な時間」ではないのである。

こうしてハイデガーは、先駆的覚悟性という現存在の根源的な存在構造を可能にしている「本来的時間性」こそが時間の根源的現象であり、そこから出発して考えてはじめて、時間の他のもろもろの派生的現象も理解可能になるのであって、派生的なものから根源的なものを理解することはできないと主張する。

ところで、本来的時間性にあっては、将来はもっとも自己的な究極の可能性であるおのれの死への「先駆」として、既在はあったがままのおのれをふたたびとりもどし、それに意味を与えなおすこと、つまり「反復」として、そして現在は、そのように先駆し反復することのうちで開かれてくるおのれの置かれた歴史的状況に豁然と眼を開き、それを「瞬間」的に直視すること——「瞬間」を意味するドイツ語のAugenblick《アウゲンブリック》はAuge《アウゲ》(眼)とBlick《ブリック》(視線)とから成り、眼を見開いて直視するという意味にこじつけられないことはない、また言葉遊び《ウォルトシュピール》である——として生起する。

これに対して、さしあたってたいていのばあい日常的に、つまり非本来的に生きている現存在はおのれ自身の死から目をそむけ、眼の前に現われてくる事物との関わりに没頭する。そこでは、将来はまだないものである可能性の漠然とした「期待」として、既在はもはやないものの「忘却」として、そして現在はそれだけがあるものだとされる眼前のものを「現前」させることとして生起し、しかもそこではこれら三つの脱自態の結びつきが弛緩し、「現前」だけが突出しようとする。ハイデガーは、こうした時間の生起の仕方を非本来的時間性と呼ぶ。形式的に図示すれば次のようになる。

将来　既在　現在
本来的時間性　先駆―反復―瞬間
非本来的時間性　期待―忘却―現前

われわれが、未来・過去・現在と言えばいいものを、あえて耳なれない将来・既在・現在という言い方をしてきたのも、ハイデガーの時間論では、Zukunft《ツークンフト》がけっして「未だ来たらざるもの」ではないし、Gewesenheit《ゲヴェーゼンハイト》も「もはや過ぎ去ったもの」ではないからである。彼の考えでは、未来・過去といった日常的な呼び名自体、非本来的な時間性としておのれを時間化する現存在の自己了解にもとづいて生まれてきたものなのである。

次いでハイデガーは、この非本来的時間性を生きる現存在が、世界内部的に出会う存在者との交渉を通じて自己了解をおこなうとき、時間もまた配慮の対象となり、「配慮される時間」(SZ 411)が生じてくる次第を解明する。それは、いわば非本来的時間性が世界に投影されたようなものである。ハイデガーはこれを「世界時間」(SZ 414)と呼ぶ。世界内部的に出会ってくる存在者はすべて、この世界時間の規定を受けるので、世界時間内部での時間規定、つまり「時間内部性」が問題になってくる。ハイデガーによれば、このように

「世界時間」と「時間内部性」という二重の現われ方をする「配慮された時間」が、さらに時間計測の操作のうちで水平化され、時間を「等質的な今の無限の継起」と見る「通俗的時間概念」(SZ 420) が生まれてくるのである。

キルケゴールの言うように、可能性と必然性とに引き裂かれ、現在を生きながら将来と既在をも共に生きている人間に特有な存在の仕方、しかも、いつくるか分からないが確実にやってくるおのれの死に覚悟をさだめつつ将来と既在と現在とを緊張した統一性のうちに生きるその存在の仕方に、時間の根源的現象を認め、そこから非本来的時間性を、さらに配慮された時間、世界時間を、そして近代物理学によって構成された「等質的な今の無限な継起」という通俗的時間概念を、次々にその派生態として導出してみせるハイデガーの手際はなんともみごとであり、つい説得されてしまう。私も最初に『存在と時間』を読んだとき、うならされ、これで人間存在の秘密が解かれたと思わされたものであったが、しかしこれも、前に述べたように〈存在一般の意味の究明〉のための準備作業にすぎなかったのである。

あまり忠実な祖述というわけにはいかなかったが、これで『存在と時間』既刊部、つまり第一部第一、第二篇の要約を終え、当初計画されながら書かれないでしまったこの本の本論である第一部第三篇と、そして第二部の再構築にとりかかることにしよう。

第二章　『存在と時間』本論の再構築

一 『現象学の根本問題』

さて、これから『存在と時間』未刊部の再構築にとりかかろうと思うのだが、まずそのための材料を提示しておきたい。前章でも援用したこの本の「序論」第五、第六節の梗概もその材料の一つだが、同じ未刊部でも第二部についてはともかく、「本論」とみなしてよい第一部第三篇については、これはあまり役に立たない。(むろん、これにも、のちにいくらかは言及するつもりであるが。)

それよりももっと有力な材料がある。それは、『存在と時間』公刊の直後、一九二七年夏学期にマールブルク大学でおこなわれた講義『現象学の根本問題』(『全集』第二四巻)である(以下、『根本問題』と略記)。この講義がハイデガー自身にとってもきわめて重要なものであったらしいことは、死の前年の一九七五年から刊行されはじめた『ハイデガー全集』の第一回目の配本にこれが当てられたことからもうかがわれるが、それだけではなく、ハイデガーは全集版のこの講義録の第一ページに、『存在と時間』第一部第三篇の新たな仕上げ」という脚注を付けているのである。

同じことは、『根拠の本質について』(一九二九年)という論文の手沢本の欄外にハイデガー自身がおこなった書きこみでも言われている(W 134)。

この講義〔『現象学の根本問題』〕の全体は、『存在と時間』第一部第三篇「時間と存在」の一部をなす。

『存在と時間』全集版(第二巻)の「編集後記」でF - W・v・ヘルマンがこの書きこみに言及した上で、こんなふうに書いている。

これによって以下のことが明らかになる。つまり、ハイデガーがその手稿や手沢本への書きこみで第一部第三篇の主題にふれているところでは、彼は自分自身に——というのも、こうした欄外余白への書きこみは当面は自分自身のためだけになされたものなのだから——一九二七年夏学期のマールブルク講義を——そしてそれだけを——参照するように指示しているのである。『現象学の根本問題』が、あからさまな注記によって「時間と存在」との繋がりをつけているというだけではなく、逆に『存在と時間』や『根拠の本質について』の手沢本への手書きの書きこみによってもまた、上記の講義でおこなわれている「時間と存在」の仕上げが指示されているのだ。「新たな仕上げ」という言い方は、それに先立ってもっと古い仕上げがおこなわれたことを示している。「時間と存在」の篇の最初の仕上げは、第一、第二篇執筆中におこなわれた。マルティン・ハイデガーが編集者〔ヘルマン〕に口頭で伝えたところでは、彼はその第一稿を執筆直後に火中にしたとのことである。(『全集』第二巻五八二ページ)

原稿を燃やした云々については、すでに序章でふれた。これを書いたヘルマンは、ハイデガーの後継者といったかたちでフライブルク大学の教授になったり、『ハイデガー全集』の編集でも中心的役割を果たしたりしているが、論文を読んでみても『全集』編集の手際をみてもいかにも頭の悪そうな人物である。『全集』編集にあたっての校訂の杜撰《ずさん》さはT・キシールら若い研究者によって厳しく批判されている。(1)この「編集後記」でも、未刊の第一部第三篇にもう少し言及されてはいるが、それはもういいことにしよう。

こんなふうに、『現象学の根本問題』は、ハイデガー自身によって『存在と時間』第一部第三篇の書き直しだと繰りかえし言われてはいるが、実際に読んでみると、これは第一部第三篇だけではなく、『存在と時間』全体の書きなおしとしか思われない。むろん表題からしても、話の組み立て方からしても、『存在と時間』の構想とは一見趣きを異にしているが、注意して読めばそれは明らかに見てとれる。しかも、『存在と時間』の構想をまったく逆にした構成になっているのである。

だが、その話に入る前に、この講義の表題について一言しておきたい。『現象学の根本問題』――文字通りには「根本的諸問題」と複数形――と聴くと、誰しもハイデガーが先生のフッサールの現象学を祖述してみせる、あるいはそれを継承展開してみせようとするのだと思ってしまうであろうが、この講義の内容はフッサールの現象学とはほとんど関わりがない。ハイデガーは『存在と時間』でも「序論」の第七節で「現象学」に言及し、「存在論は、ただ現象学としてのみ可能である」(SZ 35)とか、「事象的内容からみれば、現象学とは存在者の存在の学――存在論である」(SZ 37)とか、それどころか、「以下につづく考究は、エドムント・フッサールがきずいた地盤の上で、はじめて可能になったものである」とか、いかにもフッサールの現象学を忠実に承け継ぎますと言わんばかりの言い方をしてみせている。だが、ハイデガーには、フッサールの現象学をそのまま継承しようなどという気はまったくない。それは、この第七節での「現象学」という概念の解明を見ても分かる。フッサールが読んだら怒り出すにちがいないような解明の仕方である。どうも悪意で見ると、一年後のフッサールの退職後、その後任としてフライブルク大学に推薦してもらうお礼に、〈現象学〉に義理立てしたと思えないでもない持ち出し方である。

といって、ハイデガーが〈現象学〉をまったくどうでもよいと考えていたということではない。むしろ彼は、数学から転向してあまり哲学史的素養のない先生のフッサールに代って、その現象学に哲学史のなかでの位置を指定してやろうという気があったのである。それは、この年、一九二七年の夏休みに、『エンサイクロペディア・ブリタニカ』からフッサールが依頼された〈現象学〉という新しい項目を執筆するために、フライブルクのフッサール家でフッサールとハイデガーがおこなった共同作業の過程で明らかになる。そのときにハイデガーが書いた原稿のなかで、現象学と存在論の関係がみごとに捉えられている。むろんこの原稿はフッサールの気に入らず、捨てられてしまうのだが。そこに見られるハイデガーの〈現象学〉観については、拙著『現象学』(岩波新書)の第Ⅳ章をご参看願いたい。

いま言いたいのは、『現象学の根本問題』というこの講義の表題の「現象学」という言葉にあまり期待をもたないでいただきたいということである。フッサールの現象学についてのハイデガーの直接の言及、つまりその解説なら、むしろ一九二五年夏学期のマールブルク大学での講義『時間概念の歴史のためのプロレゴーメナ』(『全集』第二〇巻)の「準備的部分」(一三一―一八四ページ)に見られる。同じ解説にしても、さすがにみごとなものである。私の知るかぎり、フッサールの現象学の解説としては、ハイデガーのこれと、メルロ＝ポンティの「人間の科学と現象学」(『眼と精神』みすず書房、所収)とが双璧である。大哲学者は、解説をさせてもやはりうまい。が、それはともかく、ハイデガーの講義には、どうも表題と内容の一致しないものが多いので、表題だけ見て、つまらなそうだとか面白そうだとか決めつけない方がいい。

もう一つ、この『現象学の根本問題』についてついでに言っておきたいことがある。実は私たちは、『全集』で公刊されるずっと以前からこの講義録を読んでいたのである。この講義のおこなわれた当時(昭和二年)、マールブルクに滞在していた日本人留学生が、為替相場で優位にあった円を使ってドイツ人学生にこの講義を速記させ、それをタイプに打たせて持ち帰り、それを複製(タイプ・ガリ版印刷)したいわば海賊版をつくり、国内で頒布した。私たちの先生の世代の人たちはたいてい持っていたが、コピー機などまだない時代だったので、私たちはなかなか読むことができなかった。それをやっと借りて、私たちがまた複製をつくり、それで読んだのである。ドイツ人の知らないこの講義録を、われわれ日本人の研究者は読んでいたことになる。『全集』版が出てから照合してみたら、かなり正確な海賊版であった。ハイデガーの思想を理解するのに、これは実に役に立った。

そんなことはともかくとして、『存在と時間』の書きなおしをはかったこの講義も、結局は途中で中断され放棄されてしまうのだが、ハイデガーはここでも第六節で、予定された講義全体のプログラムを提示している。まずそれを見ていただきたい。

『現象学の根本問題』

序論

第一部　存在に関するいくつかの伝統的テーゼについての現象学的批判的論究。

第一章　カントのテーゼ「存在はレアールな述語ではない」。

第二章　アリストテレスにまで遡る中世存在論のテーゼ「存在者の存在には本質存在(essentia《エッセンティア》)と事実存在(existentia《エクシステンティア》)が属する」。

第三章　近代存在論のテーゼ「存在の基本様態は自然の存在(res extensa《レース・エクステンサ》)と精神の存在(res cogitans《レース・コギタンス》)である」。

既刊部分

第四章　論理学のテーゼ「すべての存在者は、それらのそのつどの存在様態にはかかわりなしに〈デアル〉によって語りかけられ論議される」。繋辞《コプラ》としての存在。

第二部　存在一般の意味についての基礎存在論的問い。存在の基本的諸構造と基本的諸概念。

第一章　存在論的差異の問題（存在と存在者の違い）。

未刊

第二章　存在の基本的分節の問題(essentia《エッセンティア》 と existentia《エクシステンティア》)。

第三章　存在のありうる諸変様とその多様性の統一の問題。

第四章　存在の真理性格。

第三部　存在論の学的方法と現象学的理念。

第一章　存在論の存在者的《オンティッシュ》基盤と現存在の分析論。

第二章　存在のア・プリオリ性とア・プリオリな認識の可能性およびその構造。

第三章　現象学的方法の基本的部分。還元・構成・解体。

第四章　現象学的存在論および哲学の概念。

実際に講じられたのは、このうち第二部の第一章までである。「既刊」「未刊」という言い方は当たらないが、『存在と時間』に合わせて、いちおうそう言っておく。『存在と時間』が二部構成でそれぞれが三篇仕立てであったのが、ここでは三部構成で各部が四章仕立てになっている。これが事象そのものの要求に従ったものなのか、それともハイデガーのその時どきの好みでしかないのか、よく分からない。

だが、このプログラムを見ただけでも、たとえば第一部が伝統的存在論についての批判的、歴史的考察であり、第一章でカント、第二章で中世存在論つまりスコラ哲学からアリストテレスまでが検討に付されていることは分かる。第三、第四章については、のちにふれるが、第一、第二章だけでも、『存在と時間』の第二部「存在論の歴史の現象学的解体」に対応していることが分かるであろう。

第二部の表題は「存在一般の意味についての基礎存在論的問い。存在の基本的諸構造と基本的諸概念」となっており、これものちにくわしく検討するが、明らかに『存在と時間』の本論、つまり〈存在一般の意味の究明〉をおこなうはずだった第一部第三篇「時間と存在」に対応している。

第三部の表題は「存在論の学的方法と現象学的理念」といささか耳なれないが、しかし

第一章の表題に「現存在の分析論」という言葉が入っており、これは『存在と時間』第一部第一、第二篇に対応するし、第二、第三、第四章はその表題からしても『存在と時間』の「序論」に対応すると見て間違いなさそうである。

つまり、この講義の構成は、『存在と時間』の構成と逆対応の関係にあることになる。しかも、そのように逆対応しながら全体を構成している三つの部分が、それはそれでまたハイデガーの言う現象学的「還元」「構成」「解体」という三つの方法に対応しているらしいから話がややこしい。この三つの方法、つまり「現象学的方法の三つの基本的部分」については、プランを見ても分かるとおり、『根本問題』の第三部第三章で論じられるはずであるが、ハイデガーはそれを先取りするように、この講義の「序論」でもそれらの機能に言及しているので(GP 26f)、それにも手短かにふれておきたい。

むろんフッサールに示唆されて発想されたものにはちがいないが、ハイデガーは自分の提唱するこれら三つの方法、殊に「現象学的還元」をフッサールのそれと対比しながら、それとはっきり区別しようとしている。彼にとっての「現象学的還元」とは、「存在者についての、たとえどのようなものであろうと特定の捉え方からこの存在者の存在の了解へと現象学的眼差しを遡行させる」消極的な方法的操作である。

しかし、ハイデガーにとっては「還元」だけが唯一の現象学的方法ではないし、現象学的方法の中核でさえない。この消極的な還元は、「存在そのものへ積極的に赴き」「あからさまに存在へ導いていく」現象学的「構成」によって補足されねばならない。しかもハイデガーは、「構成」といっても、フッサールの Konstitution《コンスティトウツイオン》に対抗するかのように、フッサールの嫌った Konstruktion《コンストルクツイオン》という言葉を選ぶ。これは「構築」というのに近い意味の言葉である。彼はこの「構成」を、「ある自由な企投」によって、「前もって与えられている存在者をその存在と存在構造へと企投すること」と言っている。その意味も、のちに考える機会があろう。

ところで、ハイデガーによれば、そうした存在論的研究も、その置かれている歴史的状況によって規定されている。つまり、存在者に近づくその近づき方も、その存在を解釈するために使う概念装置も、かなりの程度まで伝統によって規定されている。そうした伝承され、当面いやでも使わざるをえない諸概念を、それが汲みとられてきた源泉へと批判的に解体していく作業が、「還元」や「構成」とともにおこなわれねばならないが、これがハイデガーの言う「現象学的解体」である。

これら三つの方法的作業は、たがいに補いあいながら繰りかえしおこなわれなければならないのであって、存在論的研究のいたるところでこの三つの操作がおこなわれているにちがいないのだが、ハイデガーは一方ではこの三つの操作を、彼の体系を構成する三つの部分に割り当てようともしていたらしい。その視点から『存在と時間』と『根本問題』の構成を考えてみると、いちおう次のような関係になりそうである。

	『存在と時間』	『根本問題』
還元	序論 第一部第一、第二篇	第三部
構成	第一部第三篇	第二部
解体	第二部	第一部

では、なぜハイデガーは『根本問題』において、『存在と時間』の構成を逆転するような構成をとったのか。おそらく『存在と時間』上巻を刊行した時点で彼はその挫折を自覚し、その挫折の原因が話の組み立て方に、つまり序章でふれたような発想の順序にではなく、むしろその逆に話を組み立てたところにあったと思ったのではなかろうか。そこで、

『根本問題』においては、発想の順序どおりに全体を構成してみたということではないかと思う。もっとも、挫折の真の原因は、そんな単純なところにあるのではなく、もっと奥深いところにあったのであり、ハイデガーも講義の進行中にそのことに気づいて、中断するにいたったのであろう。

だが、結局は中断されたにしても、われわれにとって幸いなことに、この講義は第二部第一章まで、つまり『存在と時間』で言えば第一部第三篇に該当するところまでやってくれているので、これが『存在と時間』の本論、「時間と存在」の篇を再構成するための有力な材料になるのである。『存在と時間』第二部を再構成するために、この講義の第一部が有力な材料を提供してくれることは言うまでもない。

二　存在のテンポラリテート

第一部第三篇の再構築に「序論」第五節の梗概はあまり役に立たないと書いたが、それもいちおうは見ておく必要があろう。前にも述べたように、この第五節は第一部全体の梗概であるから、当然そこには第三篇のそれもふくまれている。原書の一八ページ（どの邦訳にも原書のページ数が入れられている)の第一段落からがそれに当たる。簡単にそれを要約しておこう。

存在者のさまざまな領域を区分する際に、昔から「時間」が基準として使われてきた。たとえば自然現象や歴史的出来事のような「時間的な」存在者と、数学で問題にされる空間や数の関係のような「非時間的な」存在者が区別される。ある命題の「無時間的な」意味と、その命題を言表する「時間的な」過程とが対照される。また、「時間的に」存在するものと、「超時間的な」存在者とを断絶させた上で、それを繋ごうと企てられる。こうしたばあい、「時間的」というのは「時間のなかに存在する」といった程度の意味であり、よくよく通俗的に理解された「時間」概念にもとづくものでしかない。だが、それにしても、なぜ時間がこんなふうに存在者の領域を区分するためのいわば存在論的機能を果たしうるのかは、ついに問題にされないできた。

ところが、ハイデガーがここで「時間と存在」という表題のもとに問題にしようとしている「時間」やその存在論的機能は、もっと根源的なものであり、右のような時間の通俗的な存在論的機能もそこに根ざすものだということであるらしい。

それに対して、存在の意味への問いを仕上げた上で、それを基盤にして示そうとしているのは、正しく見とどけられ正しく解明された時間の現象のうちにこそ、あらゆる存在論の中心的な問題群が根をおろしているということ、そしてそれがどんなふうに根をおろしているのかということである。(SZ 18)

つまり、「時間と存在」という表題のもとにハイデガーが考えようとしているのは、〈存在の意味〉を問う存在論の中心的な問題群が「時間」のうちに――といっても、「時間のうちに」あるとかないとかといったような通俗的に了解された「時間」ではなく、現存在が「おのれを時間化する」という根源的な現象としての「時間」のうちに――根をおろしているということ、そしてそれがどんなふうにかということである。もう少し言いかえれば、〈存在の意味〉がそこにこそ探しもとめられるべき〈存在了解〉と、現存在が「おのれを時間化する」仕方つまり〈時間性〉とのあいだに密接な連関があり、〈存在の意味〉は〈時間性〉の生起の仕方と緊密に連動しているということを明らかにするのが、第一部第三篇の当面の課題だということになろう。もし事態がそうであってみれば、当然、こうしたそのつどの〈存在了解〉を基に得られる〈存在概念〉には、なんらかの時間的意味が含意されていることになる。それをハイデガーは、「存在のテンポラリテート」と呼ぶ。Temporalität《テンポラリテート》とは、「時間」を意味するラテン語の tempus《テンプス》という言葉をひねって、それを無理やりドイツ語化した言葉であり、「時間性」と訳すしかない。だが、この訳語は、すでに Zeitlichkeit《ツァイトリッヒカイト》という生粋のドイツ語に当てたので、「テンポラリテート」の方はそのままカナ書きにしておく。Zeitlichkeit《ツァイトリッヒカイト》も Temporalität《テンポラリテート》も、同じ「時間性」であり、それによって名指される事態も同じなのだが、それが〈現存在の存在構造の分析〉の場面では Zeitlichkeit《ツァイトリッヒカイト》とドイツ語で呼ばれ、〈存在の意味〉を究明する場面では Temporalität《テンポラリテート》というラテン語(ドイツ語化された)で呼ばれるというだけのことである。ハイデガーは、この使い分け(ほかの用語についても一貫しておこなわれる)によって、問題となっている場面の違いを示そうとしているのである。この〈存在のテンポラリテート〉の問題を追究するのが、第一部第三篇の課題である。

「序論」第五節で、ハイデガーはこの〈テンポラリテート〉という概念を提示し、次のようにほんの少し言及してはいるが、これだけではなんのことかよく分からない。

　われわれは、存在とそれの諸性格および諸様態が時間に基づいて根源的に意味づけられているその規定態を、存在のテンポラールな規定態と名づけることにする。したがって、存在そのものを解釈する基礎存在論的課題は、そのうちに存在のテンポラリテートの解明という仕事をもふくむことになる。テンポラリテートの問題群の展開をまって、はじめて存在の意味への問いに具体的な答えが与えられることになる。(SZ 19)

三 「時間と存在」

第一部第三篇「時間と存在」を再構築するには、結局『根本問題』に頼るしかないが、先ほど私が立てた仮説、つまり『根本問題』の構成が『存在と時間』の構成と逆対応の関係にあるという仮説からすると、『存在と時間』第一部第三篇に対応するのは、『根本問題』の第二部「存在一般の意味についての基礎存在論的問い。存在の基本的諸構造と基本的諸概念」ということになる。といっても、この第二部は第一章「存在論的差異の問題(存在と存在者の違い)」だけしか講じられていないので、そこからその内容を推測するしかない。

ところで、この第一章は次の四節からなっている(節の番号は、講義全体の通し番号)。

第一九節　時間と時間性
第二〇節　時間性とテンポラリテート
第二一節　テンポラリテートと存在
第二二節　存在と存在者、存在論的差異

ハイデガーは第一九節「時間と時間性」(GP 324f)において、『存在と時間』第一部第二篇においてとほぼ同じ手続きで現存在の統一的な存在構造、つまり「関心構造」を成り立たせているのが時間性であること、そして、通常「等質的な今の継起」として思い描かれている、時計で測られる時間も、実は時間性というこの根源的現象から派生したものでしかないことを論証してみせる。そして、その時間性が「将来と既在と現在との脱自的統一体であること」もそこで明らかにされる。

ところで、このように現存在の存在構造を可能にしているのが時間性なのだとすれば、それは同時に現存在のうちで生起する存在了解を可能にするものでもあることになる。つまり、存在はつねに特定の時間性を地平《ホリツォント》にして了解されるのである。先にふれたように、ハイデガーは時間性がこのように存在了解の場として働くとき、それを「テンポラリテート」と呼んでいるが、彼は「時間性とテンポラリテート」という題をもつ第二〇節(GP

384f)で、いよいよこのテンポラリテートの問題に立ち入ることになる。この節は五つの小節に分かれている。その叙述を一々追うつもりはないが、いちおう第二〇節の構成を見ておくと、

a 世界内存在の根本規定としての了解作用
b 実存的了解作用、存在の了解作用、存在の企投
c 実存的な本来的了解作用と非本来的了解作用の時間的解釈
d 趣向《ベヴァントニス》と趣向全体性（世界）の時間性
e 世界内存在、超越、時間性。脱自的時間性の地平の諸図式

多少唐突に話をはじめることになるが、〈存在了解〉も一つの了解作用である。ハイデガーの言う〈了解作用〉はけっして認識作用の一様態などではなく、気分や気持などの存在論的構造である情態性《ベフィントリッヒカイト》などと共に、世界内存在のその〈内存在〉を構成する基本的構造であり、〈説明と了解〉などというかたちで問題にされる認識の一様態としての了解などは、その派生態にすぎないのである。つまり、ハイデガーによれば了解作用は認識作用のたぐいではなく、現存在の存在構造の構成分だということになる。日常の言葉づかいでも、なにかを「了解している」、なにかが「分かっている」ということは、そのなにかを「心得

ている」、そのなにかを「なすことができる」という意味である。たとえば、金槌を了解するということは、それを手にして釘を打つという金槌との可能的な交渉へ向けて、それを企投するということである。〈内存在〉の構成契機としての了解作用、実存的了解作用においても、おのれを了解するということは、「おのれをある可能性へ向けて企投する」ということであり、現存在がその了解作用においておのれを企投しているその「彼方《ヴオラウフヒン》」は、おのれ自身のなんらかの「存在可能《ザインケネン》」である。

ところで、存在了解もそうした了解作用の一つである。したがって、「存在も、それがなにものかへ向けて企投されるかぎりでのみ了解される」(GP 398)のであるが、ハイデガーはここでプラトンの有名な洞窟の比喩(『国家《ポリテイア》』)を援用して、その際存在がそこへ向けて企投され、存在がそこから了解されることになるその「彼方」、その「なにものか」を「善《ト・アガトン》」のイデア」に比定している。われわれは存在者をその存在へ向けて企投することによって了解し、さらにその存在をこの「なにものか」へ向けて企投することによって了解するというのであるが、この「なにものか」が「時間」であるらしいことは容易に推測できよう。だが、存在を時間から了解するというのは、どういうことであろうか。

ここでのハイデガーの叙述は意外にまわりくどいので、それを追うことはやめ、彼がこの節で提出しているいくつかのテーゼを手がかりに、彼の言わんとすることをまず推定し、その上で彼の言い分によってそれを裏づけることにしたい。

ハイデガーは、dでそれまでの問題連関を整理しなおすようにこう言っている。

世界内存在という構造は、統一的ではあるが、やはり分節をもった構造である。この構造の分節された全体を時間性から了解する必要があるのだが、ということは同時に、内存在という現象そのものと世界という現象をその時間的な仕組について解釈する必要があるということである。それとともにわれわれは、時間性と超越との連関に突き当たる。というのも、世界内存在とは、現存在がその本質からして〈おのれを越え出て〉いるということが根源的に露わになる現象だからである。この超越から出発してこそわれわれは、世界内部的存在者との交渉のうちにひそんでおり、この交渉を照明する存在了解の可能性を捉えることになる。このことは、存在了解と超越と時間性の関係についての問いにいきつく。そこから出発してわれわれは、時間性を存在了解の地平《ホリツオント》として特徴づけるべく試み、つまりはテンポラリテートの概念の規定を試みる。(GP 414)

これも結構まわりくどい言い方であるが、前後を読み比べてみると、要するに、〈世界内存在〉と〈存在了解〉と〈超越〉という三つの概念は同じ一つの事態に結びつき、これらはすべて〈時間性〉によって可能になる、とハイデガーは言おうとしているのである。これはいったいどういうことであろうか。前章でふれた〈世界内存在〉という概念の生物学的起源を考え合わせると謎は解ける。ハイデガーのここでの表向きの叙述からは離れるが、そちらから考えてみよう。

四　時間性と世界内存在

ユクスキュルの言うように、動物はそれぞれがその種に固有の環境世界をもち、それを感受しそれに働きかけ、環境世界といわば機能的円環関係をとり結び、それに適応して生きている。動物にとってはその環境世界がすべてであり、それを離れては生きていくことができない。

むろん、神経系の分化が進むにつれてある種の学習能力が生じ、環境世界に多少の変化が起こっても、それに応じた新しい行動様式を学習する。たとえばパヴロフの有名な条件反射の実験に使われたイヌのように、繰りかえし肉粉を与えられると同時にメトロノームの音を聴かされているうちに、メトロノームの音を聴いただけで唾液や胃液を分泌するようになる。もともと犬に唾液や胃液を分泌させる力などもたなかったメトロノームの音が、肉粉の代理(信号《シグナル》)という新しい意味を帯びて犬の環境世界にくわわってくるのである。

もっとも、その後研究が進むにつれて、犬にとって信号《シグナル》として働いているのは、孤立した刺戟としてのメトロノームの音そのものではなく、肉粉とメトロノームの音の時間的隣接関係、つまり刺戟相互間のある関係だと考えられるようになった。神経系の分化が進むにつれて、動物は次第に刺戟相互間のもっと複雑な関係——色の濃淡の関係、大小の関係、時間的隣接関係、空間的隣接関係、それらが複雑に組合わさった力学的関係、目的‐手段の関係など——に反応できるようになる。つまり、刺戟のそうした複雑な関係が信号《シグナル》として環境にくわわってくるのである。

このように、神経系の分化の進んだ動物は、いわゆる本能によってきめられた以外の刺戟の複合体や刺戟相互の関係に反応し、いわば〈信号《シグナル》行動〉が可能になるわけであるから、生物学的環境世界にもいくらかの可変性・弾力性はあることになるが、それでも原理的には、その環境世界から切り離されることは動物にとって死を意味する。動物にとっては与えられた環境世界がすべてであり、それしかないものなのだ。動物のこうしたあり方を、シェーラーは〈環境世界繋縛性〉と呼んだのである。

むろん人間だって一個の動物ではあるのだから、やはりそれなりの生物学的環境世界に生きているにはちがいない。だが、ほかの動物とちがって人間だけは、その時どきの環境世界に完全にとりこまれ、それに縛りつけられるということはない。人間は環境世界のなかに生きながら、そこからいわば少し身を引き離し、もっと広い〈世界〉に開かれている。こうした人間に特有なあり方を、シェーラーが〈世界開在性〉と呼んだことにはすでにふれた。ハイデガーの〈世界内存在〉という概念が、シェーラーのこの概念の影響下に形成されたことも、繰りかえすまでもない。

むろん神経系の分化が進み、ある閾《いき》を越えることによってはじめて可能になったにはちがいないが、それにしても、どうして人間にはそうしたあり方が可能になったのであろうか。いったい生物学的な〈環境世界〉と区別される人間特有の〈世界〉とはいかなるものか。

こんなふうに考えていただきたい。一般に動物は、多少の幅はあるにしても、狭い現在を生きることしかできない。したがって動物にとっては、現在与えられている環境がすべてであり、そこに閉じこめられることになる。動物には過去も未来もないのである。ところが、神経系の分化がある閾を越えた人間にあっては、その現在――いわゆる〈生きいきとした現在〉――にあるズレ、ある差異化――デリダの〈差延(différance)〉という概念がぴったりする――が起こり、過去とか未来とか呼ばれる次元が開かれてくる。記憶とか予期というのは、そうした次元への関わり方を言うのである。人間はそのようにして、おのれに時間の次元を開き、いわばおのれを時間化する。前にふれたように、ハイデガーは、このように〈おのれを時間化する《ジッヒ・ツァイティゲン》〉人間の独特のあり方、存在構造を〈時間性《ツァイトリッヒカイト》〉と呼ぶのである。

このように時間の次元を開くことによって人間は、動物のように現在に閉じこめられ、現に与えられている環境世界をそれしかないものとして受けとるのではなく、現在与えられている環境構造に、かつて与えられたことのある環境構造や、与えられうるであろう環境構造を重ね合わせ、それらを相互に切り換え、いわば相互表出の関係に置くことができるようになる。ということは、それらさまざまな環境構造のすべてをおのれの局面《アスペクト》としてもちながらも、そのどの一つにも還元されることのない一次元高次の構造を構成し、現在与えられている環境構造を、その高次の構造のもつ可能な一つの局面《アスペクト》として、つまり他にも可能なさまざまな局面のうちの一つとして、受けとることができるようになる、ということである。この高次の構造が〈世界〉と呼ばれているのであり、こうした〈世界〉を構成し、それに適応して生きる生き方が〈世界内存在〉と呼ばれているのである。

五　シンボル機能

ところで、このようにさまざまな構造をさらに高次に構造化し、いわば〈構造の構造〉を構成する働き、言いかえれば、さまざまな関係をさらに高次の関係のもとで相互に関係づける働きが、動物行動学では〈シンボル機能〉と呼ばれている。ますますハイデガーから離れてしまうようだが、この〈シンボル機能〉について、もう少し考えておきたい。この言葉こそ使われていないが、ハイデガーの思索において問題になっているのも、実はこの機能だからである。

先ほどふれた動物の信号《シグナル》行動のうち、もっとも高度の段階に達しているのがチンパンジーやボノボの行動であろう。ゲシュタルト心理学の創唱者の一人、ヴォルフガング・ケーラーが名著『類人猿の知恵試験』で、主として道具の使用と迂《まわ》り路の実験によって、チンパンジーの行動の特性を検討しているが、それを材料にメルロ＝ポンティが『行動の構造』で、チンパンジーのこうした行動を人間の行動と対比して、そこに見られる欠陥を浮かびあがらせている。

たとえば下等なサルや知能の低いチンパンジーのばあい、すでに棒を道具として使用し、それを使ってバナナを手元に引き寄せることを習得してはいても、いつでもそれを道具として使えるわけではなく、その棒がバナナのすぐ近くにあるとき、あるいは少なくとも棒とバナナとが一目で見渡せるように「視覚的に接触している」ときにしか、それを道具として使えない。また、以前の実験で箱を踏台として使用し、手のとどかない高い所にあるバナナを手に入れる操作を習得しているチンパンジーも、与えられた箱にほかのチンパンジーが座っていたりすると、それを踏台として使おうとしない。ケーラーは、チンパンジーの行動のこうした欠陥を、主として場の構造(このばあいは、棒や箱の力学的特性)を視覚的に把握する力が弱いからだと見ているが、メルロ＝ポンティは、むしろそれは、そうした自在な道具使用が高次の構造化を前提にしているからではないかと考える。つまり、チンパンジーにとっては、バナナの近くにある棒と遠くにある棒、踏台としての箱と腰掛としての箱とは、「二者択一的な二つの異なった対象であって、同一物の二面ではない」のであり、チンパンジーは「対象に対して、その時どき任意に選ばれた視点をとることができず」、同じ物を違ったパースペクティヴのなかで再認することができない。チンパンジーにとって対象は、その時どきの環境世界の実際の構成によってきまってくる機能値をもったものでしかなく、それに尽きるのである。

メルロ＝ポンティは、こうしたチンパンジーの行動の不十分さを、さらに迂回(迂《まわ》り路)行動によって確かめる。檻のなかにいるチンパンジーに、檻の外のコの字型の木枠の向うに置かれたバナナを棒を使って引き寄せるという課題が与えられたばあい、彼らは、バナナを一度向うに押しやって枠を迂回させなければならないが、彼らにはそれができない。だが、そのチンパンジーも、たとえば檻のうしろの窓から外に投げ出されたバナナを自分が迂回して取りにいくということならできる。ということは、彼らにとっては、〈自分が迂回すること〉と〈目標物を迂回させること〉とは困難度の違う仕事だということである。これら二つのばあいの迂回という空間的関係には質的な違いがあり、チンパンジーが目標物へ向かっていく運動空間においてはその関係が生きてくるが、目標物が位置している視覚空間においてはそれが生きてこないのである。どうしてそういうことになるのか。

チンパンジーにあって、自分が動きまわる運動空間はこまかく分節されており、そこには迂回という空間的関係が描きこまれているが、視覚空間はそれほどこまかい分節をもっていないらしい。それはいいのだが、自分が迂回することができるからといって、対象にも迂回させることができるためには、自分が対象の位置にいたとしたらしなければならない運動の軌跡を、対象の置かれている視覚空間のうちに描きこまなければならない。つまりは、運動空間と視覚空間とを重ねあわせ、相互に切り換え、相互表出の関係におくこと、言いかえれば、関係と関係とを関係づける高次の関係、いわば「自乗された構造」を設定する必要がある。人間は、そうした高次の構造化をおこない、たとえば特定の感覚与件(視覚与件とか運動感覚与件とか)に拘束されない〈空間一般〉といったものを構成し、そこにさまざまな異なった感覚与件を定位することができるし、そうした高次の構造を媒介にして視覚的刺戟を自己受容的刺戟に翻訳したり、またその逆をおこなったりすることができるのだが、チンパンジーにはこの能力が欠けているのである。

人間のばあいでも、たとえば脳損傷の患者などにあっては、こうした高次の構造が解体し、さまざまな感覚与件が分離していると思われる症状を示すことがある。チンパンジーも、自分を運動体の位置においたり、自分を目標物とみなしたりすることができないのであろう。チンパンジーは、同じ物を異なったパースペクティヴのなかで再認できないのと同様、観点を変えることができないのである。

動物心理学者は、動物には対象を〈物として扱う態度(dingbezogenes Verhalten《ディングベツォーゲネス・フェアハルテン》)〉が欠けていると言う。動物にとっては、対象はそのつどの現われに尽きているのであって、多様なパースペクティヴのなかでのその現われを相互表出の関係におき、多様なパースペクティヴのなかに現われてくることができるが、そのどの一つにも閉じこめられることのない〈物〉という高次の構造を構成することができないのだ。たとえば、バナナのそばに置かれている棒と、バナナから離され、檻のうしろの壁に立てかけられている棒とを、棒という同じ一つの〈物〉の二つの異なったあり方として捉えることができないのであり、だから昨日道具として使えた棒も、今日違った場所に置かれていると道具として使えなくなるのである。

メルロ＝ポンティは、チンパンジーに欠けている、諸関係をさらに関係づけ、さまざまな構造をさらに高次に構造化するそうした機能を〈シンボル機能〉と呼び、おそらく人間にのみ可能なこうした機能に基づく行動形態を行動の〈シンボル的形態〉あるいは〈シンボル行動〉と呼んでいる。[2]

六　シグナルとシンボル

〈シンボル〉という言葉は、今でこそ二〇世紀思想のもっとも重要なキー・ワードの一つと考えられるようになったが、メルロ＝ポンティが『行動の構造』を書いた一九四二年には、まだそれほど一般的に定着したものではなかった。むろんいくつかの使用例はあった。だが、こうした創造的な――ということは、豊かな含蓄をもったということになろうが――概念がえてしてそうであるように、この概念も当初はかなりへだたった諸領域で、またかなり異なった知的文脈のなかで、しかしいかにも相呼応するかのように使われはじめたのであり、それが次第に実際に呼応しはじめ、知の一つの方向を指し示すようになってきたのである。チャールズ・モリスの『記号と言語と行動』(3)(一九四六年)にはこの概念の使用者として、「フッサール、ゲッチェンベルガー、デューイ、ミード、ランガー、ケチュメッティ、オグデンとリチャーズ、パヴロフ、ハンター、ヤーキズ、コルツィブスキー、フェトナル」の名が挙げられている(p. 271n)が、当然このリストには精神分析のフロイト、『シンボル、その意味と影響』(一九二七年)のホワイトヘッド、『シンボル形式の哲学』(一九二三―二九年)のカッシーラー、失語症研究のヘッドの名がくわえられるべきであろう。メルロ＝ポンティはそうしたなかのどの筋からこの概念を手に入れたのであろうか。その入手経路によってこの概念の内実も大きく変わってくるので、以前『メルロ＝ポンティの思想』(岩波書店)でこの問題を追究したことがある(七六ページ以下)。くわしくはそれをご参看願いたいが、どうやら彼はこれを、ウォルター・S・ハンター、ロバート・ヤーキズ、ボイテンディクといった動物行動学者から学んだようである。そこでは、〈シンボル〉はどのように定義されているのか。

ハンターの所説は、チャールズ・モリスが上掲書で次のように要約してくれている。

生体がその行動を制御するにあたって、他の記号《サイン》の代理をする記号をみずからしつらえ、それが、代理されている記号と同じ意味をもつばあい、その記号はシンボルであり、その記号過程はシンボル過程である。そうではないばあいには、記号はシグナルであり、その記号過程はシグナル過程である。もっと簡単に言うなら、シンボルとはその解読者によってつくり出され、それが同義的である他の記号の代理として働く記号であり、シンボルではない記号はすべてシグナルである。こうしたシンボルの利点は、環境によってしつらえられるシグナルが存在しないばあいにも起こりうるというところにある。解読者自身の行為や状態が環境に対する行動を導く記号になる(あるいはそれをつくり出す)のである。(p. 21)

これは、ヤーキズが、シグナルに対する反応に対して、「実在のシグナルないしそれと類似の過程が消失したのちにも、生体が内的にシグナルに代わる代理の記号《サイン》を産出して、それによって反応を完了できるばあい、この代理記号がシンボルと呼ばれる」とした有名な定義に一致している。いずれのばあいにも、シンボルには、無条件刺戟の代理をするシグナル(条件刺戟を一契機とする場の構造、と考えておいてよい)のさらに代理をするサインであること、そして解読者自身によってつくり出されるサインであること、この二つの規定が与えられている。

動物行動学では、当初からこのようにシグナルとシンボルを対置し、記号《サイン》を両者を包摂する上位概念としている。そして、シンボルはシグナルのシグナル(条件反射学では〈第二信号系〉と呼ばれている)と見る。サインとシグナルとシンボルの定義と関係は、領域によってずいぶん多様であったが、今日では動物行動学に由来するこの定義が一般的になった。むろんオランダの動物行動学者ボイテンディクもハンターやヤーキズの定義を踏襲し、『人間と動物』(一九五八年)の「シンボル的行動」と題された章で、「動物の行動には数多くの〈記号《サイン》〉が働いているのだが、それはつねに状況の変化を意味するシグナルであって、けっしてシンボルではない」と述べ、「……シンボルとは、経験のうちに形成された関係によってではなく、記号と他の記号との結びつきが記号をもって表わされた事物と他の事物との結びつきに等しいがゆえに、記号をもって表わされた事物を現前せしめるような記号である」と定義している。

メルロ＝ポンティも、『行動の構造』の行動のシンボル的形態を論ずる章で、ボイテンディクの言い方そっくりにこう述べている(一八一―一八二ページ)。

> 動物の行動においては、反応を生起させる記号はつねに〈シグナル〉であるにとどまり、けっして〈シンボル〉となることはない。命令に従って椅子に跳びあがり、次にそこから第二の椅子に移るように訓練されたイヌは、椅子の代わりに二箇の踏台や踏台と肱掛椅子とが示されても、けっしてそれを利用しはしないであろう。つまり、ここでは音声記号が刺戟の一般的意味と反応とを媒介していないのである。記号がそのように

使われるためには、それが一つの出来事ないし前ぶれ(ましてや〈条件刺戟〉)であることをやめ、その記号を表現しようとする活動の固有の主題となる必要がある。

そして、たしかに言語は人間の創出したもっとも精緻なシンボル体系ではあるが、問題はむしろ物理的音声を単なるシグナルとしてではなくシンボルとして使う基本的能力にあるのであり、この能力は多様な発現の仕方をする。メルロ=ポンティは、チンパンジーの行動に欠けているその能力つまりシンボル機能を規定しようとしてさまざまな言い方をしているが、たとえば「ある運動的メロディを視覚的図表に書き替えて、両者のあいだに相互対応や相互表出の関係を設定する」ばあいのように、「諸関係間に一つの関係を設定し」、「自乗された構造」つまり諸構造の構造を設定する能力と定義している。人間のばあいこうした能力は、たとえばある種の運動習慣の習得に具体的に現われてくる。ピアノを弾くとかタイプライターを打つといった技術の習得にとって、一定の視覚的刺戟と一定の指の運動を条件反射的に直結するということは、習いはじめはともかく、それほど本質的なことではない。熟達した人でも、一定の音符や文字を急には鍵盤の上で指し示すことができないことがあるからである。このばあい、既知の視覚的所与のまとまりに一定の運動的メロディを対応させるということさえ本質的ではない。というのも、本当にピアノの演奏に熟達した人は、即興演奏、つまりなんの視覚的所与もなしに演奏することができるからである。してみれば、こうした運動習慣の習得においては、視覚的刺戟と運動性興奮の相関関係がある「一般的原理」によって媒介されていなければならないことになる。音楽のばあいで言えば、〈聴覚的なメロディの構造〉〈楽譜の視覚的な書記形態の構造〉〈演奏家の身体的所作の流れの構造〉のあいだに構造的対応があるのであり、それら諸構造はともに「同じ一つの構造にあずかり、同じ意味の核を共有している」(『行動の構造』一八四ページ)にちがいない。そして、この「構造の構造」こそが曲の音楽的意味なのである。

メルロ＝ポンティの念頭にあるシンボルとは、このようにさまざまな関係相互の関係として成り立つ高次の関係、さまざまな構造をさらに構造化する高次の構造、つまり「関係の関係」「構造の構造」あるいは「自乗された構造」のことであり、それを構成する働きが「シンボル機能」である。人間はこの能力によって、現に与えられている「限られた環境に対してだけではなく、可能的なもの、間接的なものに対しても向きを定め」、「現実的環境の向うに各自が多くの局面から見ることのできる一つの〈物の世界〉を認めること」、つまりは生物学的〈環境世界〉に閉じこめられることなく〈世界〉へ開かれてあることができるのである。してみれば、〈世界〉とは、このようにして構成される高次のシンボル体系だということになろう。そして、そうしたシンボル体系を構成し、それに適応して生きる生き方が〈世界内存在〉だということになる。

ところで、このような〈シンボル機能〉が時間性によって、つまりは現存在が〈おのれを時間化し〉《ジッヒ・ツァイティゲン》、過去—現在—未来という時間的次元を開くことによって可能になることは言うまでもない。ハイデガーは、この機能によって生物学的〈環境世界〉を越え出て〈世界〉へ開かれることを〈超越〉と呼ぶ。〈超越〉という概念は、哲学において、宗教的意味や認識論的意味や、まったく異なった文脈とまったく異なった意味でさまざまに使われるが、ハイデガーはこの概念もあくまで存在論的意味で使う。現存在は〈環境世界〉を脱け出て〈世界〉へ超越するのである。サルトルが『存在と無』において、ハイデガーの超越の概念を解説しつつ、「世界を超越する」と言っていたが、これはまったく間違いであり、ハイデガーの考えでは、現存在は「世界へ超越する」のである。しかも、これは別に特別な事態ではない。人間が人間であれば誰でもが超越しているのだ。〈世界内存在〉と〈超越〉が、まったく同じ事態を多くの異なった視角から名指すものだということの意味もお分かりであろう。

ハイデガーは、さらに〈存在了解〉という概念も、この同じ事態に結びつくと主張する。それはいったいどういうことであろうか。

七　存在の企投

『現象学の根本問題』の第二〇節「時間性とテンポラリテート」でハイデガーは、〈存在了解〉についてこんなことを言っている。

> われわれが、現存在の実存的了解作用において存在が了解されていると言うとすれば、そして了解作用は一つの企投の働きだということに注意を向けるならば、存在の了解のうちにもまた一つの企投がふくまれていることになる。つまり、存在は、それがないにものかへ向けて企投されるかぎりでのみ了解されるのである。(GP 396)

〈存在了解〉とは〈存在企投〉だと言い換えてもよいであろう。どうも私にはこの方が分かりやすい。現存在は、おのれを時間化し、未来や過去という次元を開くことによって、現在の環境世界に閉じこめられてある状態から解き放たれ、そこから少しだけ身を引き離し、いわば〈存在〉という視点を企投し設定し、そこに立っておのれの置かれていた環境世界を見おろすことができるようになる。動物にとっては、環境世界で出会うものは、おいしそうなエサだったり、好ましいメスだったり、避けなければならない危険だったりと、その時どきの環境世界内部での刺戟の布置によって特定の意味、特定の機能値を負わされた刺戟の複合体であり、それに尽きるのであろうが、現存在はそうした環境世界から身を引き離し、〈存在〉という視点に立つことによって、おのれの出会うすべてのものを一様に、その時どきの機能値に拘束されない〈存在者〉として見ることができるようになる。ハイデガーが〈存在了解〉と〈超越〉と〈世界内存在〉とは同じ一つの事態に関わるという意味はお分かりいただけると思う。〈世界〉へ超越し、そこで出会うすべてのものを〈世界内部的なもの〉として見るということも、〈存在〉という視点を設定し、そこに立って、出会うすべてのものを〈ありとしあらゆるもの＝存在者の全体〉として見るということも、同じ事態なのである。この事態が、〈時間性〉にもとづいて、つまり現存在がおのれを時間化することによって可能になるということは、繰りかえすまでもない。

ところで、こうした〈存在企投〉、つまり〈存在〉という視点の設定は、人間が意識的におこなったりおこなわなかったりするようなことではない。気がついたら、すでにそうした視点に立ってすべてのものを〈存在者〉として見ているのである。たしかにそれは、人間のもとで起こる出来事にはちがいない。だが、それは人間の意志を超えた出来事なのである。というより、まずそうした出来事が起こり、すべてのものが〈存在者〉として見られた上で、ふりかえっておのれ自身もそうした存在者の一つとして、つまり人間として意識されるという順序であろう。ハイデガーは「存在了解に基づいてのみ実存は可能である」（『カントと形而上学の問題』第四一節）、つまり存在了解が実存に先行するという意味のことを言っているが、これもそういう意味にちがいない。彼が人間を〈現存在《ダーザイン》〉という妙な言葉で呼ぶのも、この事実存在している自分が、まさしく〈存在《ザイン》〉という視点の設定がおこなわれたその〈現場《ダー》〉だという意味をこめてのことである。

　こうして、〈存在企投〉とは、現存在にとっては、たしかに自分のうちで起こった出来事ではあるが、自分が意図しておこなったわけではなく、自分を超えた何者かの力によって起こったとしか思われず、驚きの思い、いわば畏敬の念をいだかずにはいられない出来事である。プラトンやアリストテレスは、〈存在者が存在者として〉立ち現われていること、自分が〈存在者を存在者として全体的に〉、つまり〈ありとしあらゆるもの〉として見ていることの不思議さに驚き、それを可能にしている〈存在《ウーシア》〉とは何かを問おうとしたのであろうが、彼らの言う〈驚き《タウマツェイン》〉とは、いま述べたような畏敬の思いだったにちがいない。彼らが、〈存在とは何か〉と問うことこそ哲学の根本の課題であり、哲学的思索は〈驚き〉の念からはじまると言っているのは、彼らが事態を正しく感じとっていたことを物語っている。

またライプニッツが、「なぜなにもないのではなく、なにかが存在するのか」という奇妙な問いを発したわけも、こう考えれば理解できよう。「なにかが存在する」のは、おのれのうちで〈存在の企投〉といった出来事が起こっているからなのだが、自分がやろうとしてやったわけではないこうした出来事、これはいったい何なのかという驚きの思いが、こうした奇妙な問いのかたちをとったにちがいない。さらに、ウィトゲンシュタインの「神秘的なのは、世界がいかにあるかではなく、世界があるということである」といった発言、「なにかが存在するという驚き」、「なにかが存在するとはなんと不思議なことだろう」、「世界が存在するとはなんと不思議なことだろう」といった言葉の意味も、ハイデガーの「あらゆる存在者のうちひとり人間だけが存在の声によって呼びかけられ、〈存在者が存在する〉という驚異のなかの驚異を経験する」という謎めかしい発言の意味も、右のような事態を念頭において考えれば、それほど分からないことではない。

それにしても、〈存在企投〉とか〈存在了解〉という出来事が、いま述べたように、現存在のもとで起こりはするが、現存在が意識的におこなう働きではまったくないのだとすれば、〈企投〉とか〈了解〉といういかにも能動的な作用を思わせる言い方は不適当ではなかろうか。いかにもそのとおりであって、のちに見るように、これが『存在と時間』挫折の原因となり、ハイデガー自身も考えを変え、いわゆる後期には、この事態を〈存在の生起《ゲシエーエン》〉とか、ただ〈出来事《エルアイクニス》〉と呼ぶようになるのだが、それはもっとのちの話である。

八　時間性とその地平

むろん、ハイデガーが第一部第三篇「時間と存在」で、私がいま述べてきたようなことをそっくりそのまま書こうとしていたなどと言うつもりはない。だが、これに近いことを考えていたのだと思う。たとえば第一章で見たように、彼の〈世界内存在〉の概念には、『存在と時間』ではまったく持ち出されていない前提、あるいは生物学的起源がある。これは前後の講義からも明らかである。そして、そこまで遡って考えないと、『存在と時間』での〈世界内存在〉の概念もすっきりとは理解できない。同じことが、『現象学の根本問題』

の第二〇節「時間性とテンポラリテート」のこのあたりについても言えそうである。〈世界内存在〉〈超越〉〈存在了解〉といった概念の生物学的前提のようなものを考慮に入れてはじめて、これらの概念について彼の述べていることも理解できるように思われる。そうした前提のあったことは、先にふれた一九二五／二六年冬学期の講義『論理学——真理への問い』や、——これは『存在と時間』や『現象学の根本問題』より時期は遅れるが、やはり同じ思想圏に属すると見てよい——一九二九／三〇年冬学期の講義『形而上学の根本問題——世界・有限性・孤独』などによってかなりの程度裏づけられる。

話がそれてしまったが、ハイデガーが「時間と存在」で語ろうとしていたことは、むろんこれで終わりではない。『根本問題』の第二部第一章にもまだ先がある。第二〇節「時間性とテンポラリテート」の末尾で、ハイデガーは次のように言う。

いかにして全体としてのこの世界内存在そのものが可能なのだろうか。もっとくわしく言えば、世界内存在そのものの初次的構造がなぜ超越を基礎づけているのか。われわれは〈内存在〉および〈世界〉という、別々に考察されたが、たがいに連関しあう二つの構造契機を考慮することによって、その答えを与えよう。〔たとえば〕お、の、れ、へ向か

> うこととしての、おのれを気にかけていることとしての内存在は将来を基礎としてのみ、言いかえれば、時間のこの構造契機がそれ自体において脱自的であるがゆえにのみ可能なのである。時間の脱自的性格が現存在に固有の超出性格つまり超越と、それとともに世界をも可能にするのだ。その際――そして、これとともにわれわれは世界と時間性の中心的規定にいきつくのだが――時間性の諸脱自態（将来・既在・現在）は単に……へ離脱することでもなければ、いわば無へと離脱していくことでもなく、それらは……へ離脱していくこととして、それらそれぞれの脱自的性格を基礎にして、離脱の様態によって、つまり将来・既在・現在という様態によって予示されてもいれば、それら脱自態そのものに属してもいる地平《ホリツォント》を有しているのである。（GP 428）

『存在と時間』においても、「時間性というものは根源的な〈脱自（Ausser-sich）《アウサー・ジッヒ》〉そのものであり」(SZ 329)、当然そのいわば構成契機である将来・既在・現在という脱自態もけっして自己充足的なものではなく、おのれから脱け出していくことを本質としているが、それには同時にその脱け出していく先、その脱け出していく地平《ホリツォント》が属していると言われている。脱自態のこの「地平」なるものについては、一九二八年夏学期の講義『論理学の形而上学的基礎――ライプニッツから出発して』(第二六巻)にくわしい説明がある(ML 269-270)。それによれば、「地平《ホリツォント》」といっても、けっして視線の彼方にある地平線のようなものを思い浮かべてはならず、そこで考えられているのは、語源であるギリシア語のホリツェインの原義どおりに「包みこむもの」「とりかこむもの」つまり場のようなものなのである。たとえば「期待」という脱自態は、けっしておのれのうちからなにか特定の将来的なもの、可能的なものを産出するのではなく、それが提供するのは将来性一般、可能性一般なのであって、その可能性一般の地平のうちで特定の可能的なものが期待されるのである。

したがって、こうした地平は、なんら特定の存在者をあらわすわけではないのだから、どこにあるというわけではなく、空間的にも時間的にも定位されえない。それはおよそ〈存在する〉ものではなく、おのれを時間として生起せしめるものなのである。この地平は脱自態のうちで、脱自態とともにあらわれるのであり、それは(たとえば集合作用《シュスタシス》に対する集合体《シュステーマ》……と類比的な造語をしてみれば)脱自態《エクスターゼ》の脱自場《エクステーマ》なのである。そして、時間としての生起における諸脱自態の統一体に対応して、これら諸地平の統一体もある根源的なものである。

> 時間性の地平のこの脱自場の統一体こそ、世界を可能にし、その世界が本質的に超越に所属することを可能にしている時間的制約にほかならない。(ML 269-270)

この「脱自場《エクステーマ》」という概念は、一九二八年のこの講義ではじめて持ち出されたものであるが、これは『存在と時間』で「時間性の諸脱自態の地平図式」(SZ 365)と呼ばれていたものと同じであろう。『存在と時間』や『根本問題』では、「地平《ホリツォント》」という言葉が、「存在了解の地平としての時間性」という文脈と、「時間性の地平」「時間性の諸脱自態の地平」という文脈と、まったく違った文脈で多義的に使われていたので、混乱を避けるために後者を「脱自場《エクステーマ》」と呼び替えたようにも思われるのだが、この点は自信がない。が、それはともかく、『存在と時間』では、その「諸脱自態の地平図式」について、ひどく簡単にだが、こう言われていた。

> 現存在が、本来的にせよ非本来的にせよ、将来的に自己へ到来する際の図式は〈おのれを気にかけて〉である。現存在が情態性のうちで被投的なものとしておのれ自身に開示される際のその図式を、われわれは被投性が〈直面させられているところ〉、もし

くは付託によって〈引き渡されてしまっているところ〉として捉える。それは既在性の地平的構造を標示するものである。おのれを気にかけながら、被投的なものとしておのれ自身に付託されて実存しつつ、現存在は〈……のもとにあること〉として同時に現前しつつ存在している。現在の地平図式は〈……するために〉によって規定される。
(SZ 365)

とても明快とは言えない文章だが、たとえばわれわれも以前にふれたことのあるあの道具連関、つまり道具が〈……のために〉というかたちでたがいに指示しあうあの道具連関が、結局は現存在のおのれ自身に対する気がかりに収斂していくあの事態を思い出していただきたい。このように、〈……のために〉という連関が〈おのれを気にかけて〉という現存在のおのれ自身に対する関係に根源的に結びつき、そうすることによって有意味性の全体が成立しうるのは、もともと時間性が脱自的統一体であり、それに対応してそれぞれの脱自態の地平相互のあいだにも脱自的統一性が成り立っているからである。

ハイデガーの考えでは、現存在の時間性というものはけっして自己充足的、自己閉鎖的な意識の流れのようなものではなく、本質的にいわば外に開かれており、そのように開かれた地平の統一体が世界なのである。

世界内存在の超越は……時間性の根源的な脱自的‐地平的統一性に基礎を置く。（GP 429）

時間性という脱自的統一体の地平構造にもとづいて、そのつどおのれの現《ダー》を存在している存在者には、開示された世界といったようなものが属している。（SZ 365）

こういった持ってまわった言い方も、先に述べたような、〈おのれを時間化する《ジッヒ・ツァイティゲン》〉働きによって現在・過去・未来という時間の次元が開かれ、〈世界〉というシンボル体系が構成されるというあの事態を念頭においていただけば、ある程度理解できるであろう。

ところで、もしそうだとすると、〈おのれを時間化する〉仕方の違い、つまり時間性の違いによって、〈世界内存在〉、つまり世界が組織される仕方も変わってくるし、ということは同時に〈存在了解〉、つまり存在という視点の設定のされ方も変わってくるということになろう。時間性が存在了解の地平として働くというのは、この意味である。時間性が変わることによって存在了解も変わる。存在という視点の設定の仕方も変わり、そうした視点としての〈存在〉を概念化した存在概念も変わってくることになる。

ところで、先にふれたように、時間が存在了解の地平《ホリツォント》として機能するとき、ハイデガーはそれを〈テンポラリテート〉と呼ぶ。こうしたテンポラリテートとしての〈時間〉と、それを地平にして企投される〈存在〉との連関が、『存在と時間』第一部第三篇「時間と存在」の主題になるはずだったのであるが、『根本問題』の第二一節「テンポラリテートと存在」(GP 429f) もその一端にふれている。次にそれを見てみよう。

九　テンポラリテートと存在

もっとも、『根本問題』第二一節でのハイデガーの語り口にはいかにも奇妙なところがある。というのも、ここで彼は、話をことさら途中で打ち切り、後半は口ごもってしまうような語り方をしているからである。そんなことも考慮に入れながら、その言うところを聞いてみよう。

これまで述べてきたことからも、存在了解が時間性として生起するということ、したがって存在はつねに暗黙のうちに特定の時間的地平へ向けて企投され、そこから了解されるものであり、だからこそ、存在はつねにあるテンポラールな性格をもつという程度のことは、すでにお分かりであろう。となれば、存在一般の意味についての問いにはすでに答えが与えられたことにならないであろうか。つまり、存在の意味は時間である、という答えが。だが、ハイデガーが言おうとしているのは、どうもこの程度のことではなさそうである。これだけのことを言うにしては、これまでの準備に念が入りすぎている。では、それ以上何を言おうとしているのであろうか。それを確かめてみよう。

ハイデガーはこの節の冒頭で、これまでの考察がもっぱら「ある特定の存在了解、つまり存在をもっとも広い意味での眼前存在(Vorhandensein《フォアハンデンザイン》)という意味に了解する存在了解の可能性についての問い」(GP 429)に定位しておこなわれてきた、と断わっている。ここで「もっとも広い意味での眼前存在」という言い方がされているのは、いわゆる用具存在(Zuhandensein《ツーハンデンザイン》)をも包摂するような意味での「眼前存在」ということである。第一章でほんの少しふれたように、『存在と時間』の第一部第一篇では、眼前存在者《フォアハンデネス》(というよりは、そこでは科学の対象になるような存在者のことが考えられているのであるから「客体的存在者」とでも言った方がぴったりする)は、用具的存在者《ツーハンデネス》の欠如態として捉えられ、その対比が結構問題にされていたが、『根本問題』でテンポラリテートの問題圏に入りこむとこの対比は重視されなくなり客体的存在者という欠如態をもふくんだ用具的存在者の全体が「眼前存在者《フォアハンデネス》」と呼ばれるようになる。その存在が「もっとも広い意味での眼前存在」ということになるのである。少しまぎらわしいが、それはともかく、存在をこうした眼前存在という意味に了解するのは、「ある特定の存在了解」なのである。「用具的に存在する道具そのものの用具性の了解は一つの世界了解である」(GP 429 傍点は筆者)というのも同じことを言おうとしているのであろう。これは明らかに別の存在了解、別の世界了解(つまり別の世界の組織の仕方)のありうることを示唆している。

この問題はのちに立ちかえることにして、ハイデガーによれば、そうした用具性の了解も「すでにこの存在を時間へ向けて企投してしまっている」(GP 430)のである。そこで、この「用具存在としての存在のテンポラールな解釈」(GP 431f)が試みられることになる。それによれば、それぞれの存在者は「それにふさわしい交渉」のうちでのみ根源的な仕方で出会われるものであるが、用具的存在者つまり道具のばあい、それにふさわしい交渉とはその道具を使うことである。ところで、道具とのそうした交渉は、「道具連関そのものを〈把握し、期待しつつ、現前すること〉」のうちで構成される。つまり、存在者《オンティッシュ》のレベルでの個々の道具(用具的存在者)とのそうした出会いは、それに先行する存在論的《オントローギッシュ》(ないし前存在論的）なレベルでのその存在様式（つまり用具性）の了解にもとづいてはじめて可能になるのである。そして、すでに見たように、この存在了解は時間的《テンポラール》な性格をもつ。「この存在様式はテンポラールに了解される。言いかえれば、それは脱自的‐地平的統一体という意味での時間性の生起にもとづいて了解されるのである」（GP 433）。そして、ハイデガーはこのばあいの、つまり用具存在の了解において働いているテンポラリテートを「プレゼンツ」（GP 433）と呼ぶ。むろんこれは「現在」という意味であるが、ハイデガーは、このように「時間から存在を解釈する次元」、つまりテンポラリテートの問題圏では、すべての時間規定にラテン語（というよりドイツ語化されたラテン語）を使う。現存在の存在構造の分析のレベルで〈時間性《ツアイトリッヒカイト》〉と呼ばれていたものが、時間から存在を解釈する次元で〈テンポラリテート〉と呼ばれるようになるのに対応させているのである。私たちは、このラテン語風の時間規定はそのままカナ書きすることにしよう。

　では、この「プレゼンツ」は、同じような意味の時間規定である「今」「現前」「瞬間」「現在《ゲーゲンウアルト》」とどのように区別されるのであろうか。ハイデガーはこれらの概念をかなり厳密に使い分けようとしている（GP 433）。それによれば、「今」というのは「時間内部性」のレベルでの時間規定の一つであり、「現前」は非本来的時間性の脱自態の一つ、「瞬間」

は本来的時間性の脱自態の一つであって、このあとの二つは中性的規定としての「現在」の二様態ということになり、これらはいずれも現存在の存在構造としての時間性に関する時間規定である。それに対して「プレゼンツ」は——ハイデガーは次のようにこれを規定している。

〈プレゼンツ〉という名称からしてすでに、われわれが現在とか将来といったようなものをともなう脱自的現象を考えているわけでもなければ、いずれにせよその脱自的構造に即して見られた時間性という脱自的現象を考えているわけでもない、ということを示している。もっとも、現在とプレゼンツのあいだには偶然とは言えないある関連はある。先にわれわれは、時間性の諸脱自態が単なる……への離脱ではないということ、したがってその離脱の方向が無であったり、まだ無規定であったりすることはない、ということを指摘しておいた。むしろそれぞれの脱自態そのものに、それによって規定され、その固有の構造をはじめて完成することになるような地平《ホリツォント》が属しているのである。現前は、それが瞬間という意味での本来的な現前であろうと非本来的なそれであろうと、おのれが現前するものを、つまりある現在において、またある現在の間に出会う可能性のあるものを、プレゼンツといったようなものへ向けて企投するのである。現在という脱自態がそのまま、ある特定の〈おのれを超え出ること〉の可能性の条件なのであり、超越なのであり、プレゼンツへの企投なのである。現在という脱自態は、〈おのれを超え出ること〉の可能性の条件として、それ自身のうちに、この〈おのれを超え出ること〉が目指す地平図式の下図を有しているのだ。脱自態のもつ離脱という性格をもとにして、その脱自態の彼方にあり、またその性格によって規定されて脱自態を超えたところにあるもの、もっとくわしく言うなら、〈おのれを超え出ること〉それ自体の目指す彼方一般を規定しているもの、それが地平としてのプレゼンツなのである。現在はそれ自体において、脱自的におのれをプレゼンツへ向けて企投する。〔したがって〕プレゼンツは現在と同じものではなく、それは現在というこの脱自態の地平図式の根本規定として、現在という完全な時間構造を共につくりなすものなのである。（GP 435）

ハイデガーは、同じような事態が将来や既在についても考えられるが、話を混乱させないためにいまは話を現在に限ると言って、『根本問題』では結局のところ将来や既在についてはふれていない。だが、われわれはそれを、すでに引用した『存在と時間』の叙述（本書一二三―一二四ページ）から知っている。そこでは、将来の地平図式は〈おのれを気にかけて〉であり、既在の地平図式は被投性が〈直面させられているところ〉だと言われていた。これら将来・既在・現在の地平図式の統一体にもとづいて「世界」が可能になるのである。もっとも、『存在と時間』のそこでは、現在の地平図式は〈……するために〉だと言われており、プレゼンツという概念はまだ持ち出されていないから、これを『根本問題』のいまの叙述とそのまま重ね合わせてよいものかどうかよく分からない。「地平図式」とか「脱自場」とかについてのハイデガーの考え方がまだ十分固まっていなかったということであろう。

それはともかく、ハイデガー自身も「いずれにせよ捉えにくい」と嘆いている「時間性の現象」(GP 435)についての彼の解明を、『根本問題』第二一節に従ってもう少し追ってみよう。現在のテンポラールな構造について、彼はさらに次のように述べている。

現前作用とは、時間性がおのれを時間化する際に、プレゼンツへ開かれた脱自態としておのれを了解している脱自態である。現在も、……への離脱として、出会ってくるものに開かれてある一つのあり方であり、したがってそこで出会ってくるものは、あらかじめプレゼンツを見越して了解されていることになる。現前作用のうちで出会ってくるものはすべて、その脱自態のうちにあってすでに離脱している地平、つまりプレゼンツをもとにして、現前しているもの(Anwesendes)《アンウエーゼンデス》として——ということは、現前性(Anwesenheit)《アンウエーゼンハイト》を見越して、ということになるのだが——了解されているのである。
(GP 435-436)

つまり、非本来的な時間性の現在である現前作用において世界内部的に出会ってくる存在者の存在は、その現前作用の地平図式であるプレゼンツへ向けて企投され、〈現前しているもの〉《アンウエーゼンデス》として了解されるのであり、これをもっと原理的に言えば、すべての存在者の存在はテンポラールに企投されているものだということである。つまり、「われわれは存在を、時間性の諸脱自態の根源的な地平図式から了解している」(GP 436)のである。ハイデガーによれば、諸脱自態のこうした図式は、構造的に言って脱自態から切り離されうるものではないが、考察に際してまずその図式の方へ眼が向けられるということはありうるわけであり、「このように存在了解の可能性の条件としての時間性の地平図式へまず眼を向けて捉えられた時間性がテンポラリテートという普遍的概念の内容をなす」(GP 436) のである。テンポラリテートとは、「それに属する地平図式の統一体を顧慮して捉えられた時間性」(GP 436) だとも言われている。

要するに、現存在がおのれを時間化するその働きに即して捉えられるばあいには〈時間性〉と呼ばれるものが、今度はその世界形成的な働きに即して、ということは、存在者の存在を規定する働き、つまり存在了解の地平という機能に即してということにもなるわけだが、それに即して見られると〈テンポラリテート〉と呼ばれる、ということである。そしてハイデガーは、いまの引用文に付けくわえて、いかにもさりげなく次のように言っている。

いつもその諸脱自態の統一体としておのれを時間化し、したがって、どの脱自態が優位に立つかによって同時に他の諸脱自態も変わってくることになる、時間性のそうしたおのれを時間化する仕方に応じて、時間の地平図式の内的なテンポラールな連関も変わってくる。(GP 436)

つまり、時間性がおのれを時間化する仕方はけっして一通りではなく、その仕方が変わるのに応じて存在が企投される地平も変わり、したがって存在も異なって了解される、つまり存在の意味も変わってくる、ということがここでは言われているのである。言い方はさりげないが、ハイデガーはここできわめて重大なことを言い出しているように私には思われる。それは次のような理由からである。

テンポラリテートの概念の解明にあたってハイデガーがモデルにしていたのは用具的存在者との交渉、つまり現前作用であった。そして、その現前作用にあっては、出会われるものの存在はプレゼンツへ企投され、存在は現前性《アンウェーゼンハイト》として了解される、と言われていた。ここでは存在の意味はプレゼンツ、つまり、現にそこに現前している、眼の前にあるということだったのである。だが、先ほどの引用によれば、時間性の生起の仕方に応じて存在が企投されるテンポラールな地平の内的構造が変わり、他の存在了解も可能であることになる。つまり、存在はほかの意味ももちうるのである。彼は別の講義のなかで、「われわれは存在と時間という問題設定にもとづいてはじめて、なぜ存在がさしあたって、またたいていのばあい、現在(現前性)という特殊な時間性格から理解されるのか、を問うこともできるのである」(一九三〇年夏学期『人間的自由の本質について』一一六ページ)と述べているが、これは明らかに他の存在了解の可能性を示唆するものである。

ところで、現前作用とは、『存在と時間』では、非本来的時間性の脱自態の一つとされていた。この非本来的時間性にあっては、将来はまだないものの漠然とした「期待」として、既在はすでにないものの「忘却」として生起し、現在は、それだけがあるとされるものを「現前」させる働きとして生起する。そして、非本来的時間性にあっては、諸脱自態のうちこの現在が優位に立つと考えられていた(SZ 426–427)。「現在が非本来的になればなるほど、「現前作用がそれとして独立する」ようになり、それに応じてそれだけ「特定の存在可能が蔽い閉ざされ」、それだけ「おのれの被投性に立ち帰ることも難しくなる」(SZ 347)。非本来的時間性にあっては、将来・既在・現在という脱自態の連関がいわば弛緩し、現在だけが優位に立つのである。存在をプレゼンツへ企投し、存在を現前性として了解する存在了解、彼がほかのところで「平均的存在了解」(SZ 8)と呼んでいるものは、こうした非本来的時間性としておのれを時間化する現存在において、つまりは非本来的時間性を地平《ホリツォント》として生起するものと考えてよさそうである。

だが、時間性は本来的にも生起する。第一章でも見たように、おのれの本来的な全体存在可能を気にかける現存在にあっては、将来はおのれの死への「先駆的覚悟性」として、既在はおのれの事実的被投性の「反復」として、そして現在はおのれの置かれた歴史的状況を豁然と直視する「瞬間」として生起する。ここでは、将来・既在・現在という脱自態が緊密に連関しあい、将来が圧倒的な優位に立つ。当然、本来的時間性の生起においては、その地平図式の内的連関も変わってくるはずであり、それを地平として生起する存在了解も、そこで了解される存在の意味も変わってくることになる。だが、これについてハイデガーはなにも語っていない。『根本問題』も、『存在と時間』第一部第三篇で当然論じられるべきであったこの問題に立ち入る手前で突然打ち切られてしまっている。当然論じられるべきであったと言ったのは、もしそれをするのでなければ、『存在と時間』第一部第二篇において、本来的時間性と非本来的時間性についてあれほど綿密な分析をおこなった意味がなくなるからである。

彼がこれ以上話を進めていない以上、われわれとしては、そこで論じられようとしていたことと、それが論じられないでしまった理由とを、あれこれの傍証を手がかりに推測してみるほかはないであろう。なんらかの理由で発表を差し控えられたし、のみならず、少なくとも『存在と時間』というかたちでは、その痕跡さえもきれいに消し去られたかに見えるにしても、少なくとも一度はハイデガーによって考えぬかれた問題であるにはちがいないのだから。

だが、それを考える前に、彼が『存在と時間』第二部でなにを企てていたのか、それを見ておくことにしたい。彼が、この本の第一部第三篇と第二部とを実際にどう組み立てようとしていたのか、どう絡みあわせようとしていたのかは、そのプログラムだけからではよく分からない。しかし、第一部第三篇は第一部第三篇で、第二部は第二部で別々に話をまとめたのでは、この本の意図は浮かびあがってこないように思われる。つまり、第二部を書いたあとで、もう一度話を第一部第三篇の問題にもどさなければならなかったと思うのだ。そこで、本書でも第一部第三篇再構成の作業はいったんここで中断し、続きは次章六以下でおこなうことにして、その前に第二部の再構成を試みることにしたい。

第三章　『存在と時間』第二部の再構築

一　存在論の歴史の解体の試み

『存在と時間』の第二部には、「テンポラリテートの問題群を手引きとして存在論の歴史を現象学的に解体することの概要を示す」という表題が付けられている。ここでも「現象学的」ということにはこだわらなくていい。少なくともフッサールの現象学とはまったく関係がない。この第二部の構成をもう一度見ておこう。

第一篇　テンポラリテートの問題群の予備段階としてのカントの図式機能論および時間論

第二篇　デカルトの〈cogito sum《コーギト・スム》〔われ思う、われ在り〕〉の存在論的基礎と〈res cogitans《レース・コギタンス》〔思考するもの〕〉の問題群への中世存在論の継承

第三篇　古代存在論の現象的基盤とその限界の判定基準としてのアリストテレスの時間論

この第二部の再構成のためには、『存在と時間』「序論」第六節がかなりの手がかりを与えてくれるので、この第六節の該当箇所を引用と要約を交えながら紹介することにしたいが、その前に、第二部全体の意図にふれたハイデガーの言葉を引用しておく。

存在への問いそのもののために存在への問い独自の歴史に透明な見通しをつけることがわれわれの課題なのであるから、硬化した伝統を解きほぐして、その伝統によって惹き起こされた隠蔽を解消することが必要になる。この課題をわれわれは、存在への問いを手引きにして古代存在論の伝承的形態を解体し、かつて存在についての最初の——そしてそれ以後主導的になった——諸規定がそこで得られた根源的経験へ引きもどす解体作業と解する。(SZ 22)

解体作業そのものの意図は、過去を虚無のなかに葬り去ろうということにあるのではなく、それには積極的な狙いがある。したがって、解体作業の否定的な機能は、目立たず間接的なままにとどまる。(SZ 23)

ここでおこなわれる解体作業に「積極的な狙い」があるということを記憶にとどめていただきたい。(1)

ハイデガーの言うところでは、この解体作業の遂行にあたって「まず立てられるべき問い」は、「一般に存在論の歴史の経過するうちに、存在の解釈がはたして、またどの程度まで時間の現象と主題的に考えあわされたか」という問いであり、そして「そのために必要なテンポラリテートの問題群がはたして原理的に取り出されたか、また取り出されえたか」という問いである。そして、この視点からまず第一篇において、カントの『純粋理性批判』における図式機能論と時間論が検討される(SZ 23f)。

ハイデガーに言わせると、カントこそ自分の考えている「テンポラリテートの次元へ向かう探究の道のりを一区間だけでも進んだ最初の人であり、ただひとりの人」であった。カントはその作業を、『純粋理性批判』の「超越論的分析論」のなかの「純粋悟性の図式機能について」という章でおこなっている。図式機能とは、悟性の能力である純粋悟性概念(カテゴリー)が感性の形式である時間を限定する際に、超越論的構想力(想像力)の産物である図式が両者を媒介するその働きのことである。構想力によって知性と感性が媒介されるその機能の分析が、存在了解とその地平として働く時間性との連関を問題にする自分のテンポラリテートの問題群を予感するものであった、と言いたいのであろう。

もっとも、ハイデガーによれば、カントは、結局伝統にわざわいされてこの問題群に眼を開くことはできなかった。そして、その洞察をさまたげた悪しき伝統は二つに分けて考えられる。一つは、カントがデカルトの立っていた拠点を安易に踏襲し、現存在の主題的分析、つまり「主観の主観性をあらかじめ存在論的に分析する」ことを怠ったということであり、もう一つは、その時間論が「時間という現象を主観のうちにとりこんだにもかかわらず、依然として伝統的通俗的な時間了解の線に沿っていた」ということである。通俗的時間了解は、現存在が世界へ頽落し、「根源的時間」つまり本来的時間性が「平板化」されることによって生ずる。時間を今の継起としてしか捉えないそうした通俗的時間概念に従って考えていたので、カントはテンポラリテートの問題群を予感し、それに接近したのに、とうとうこの問題群にいきつくことができなかった、というのである。

次いで第二篇において、カントが踏襲したと言われたそのデカルトの存在論的拠点が批判の俎上にのぼせられる。ハイデガーに言わせると、デカルトにあっても、〈われ思う《コーギト・》、われあり《スム》〉というテーゼにおける〈われあり《スム》〉の存在意味が十分に追究されていない。のみならずデカルトは、この〈われ〉を〈思考するもの《レース・コギタンス》〉として規定するとき、その〈もの《レース》〉を存在論的には〈存在者《エンス》〉として捉えているが、この〈存在者《エンス》〉の概念には、〈存在者《エンス》〉をつねに〈被造的存在者《エンス・クレアートゥム》〉として受けとっていた中世存在論の伝統がそのまま承け継がれている。しかも、「被造性は〈作り出されてある(Hergestelltheit《ヘアゲシュテルトハイト》)〉というもっとも広い意味においては、古代の存在概念の本質的な構造契機なのである」(SZ 24)。

逆に言えば、〈ある《ザイン》〉ということを〈作り出されてある《ヘアゲシュテルトザイン》〉と見る古代存在論の存在概念が、中世存在論つまりスコラ哲学の、〈存在者《エンス》〉をつねに〈被造的存在者《エンス・クレアートゥム》〉と見る存在概念に承け継がれており、デカルトも、そして結局はカントも、こうした存在概念を前提にしてものを考えていた、ということである。

このように遡行的な解体作業が推し進められ、最後の第三篇においてアリストテレスの存在論が検討されることになる。その結果明らかにされる予定であるのは、「存在者についての古代人の解釈が、〈世界〉もしくはもっとも広い意味での〈自然〉を手引きにしている」ということ、そして「その解釈が実際にその存在の了解を〈時間〉から得ている」ということ、つまり、「そこでは存在の意味が〈臨在《パルーシア》〉ないしは〈現前《ウーシア》〉として規定されている」(SZ 25)ということである。この〈臨在《パルーシア》〉ないし〈現前《ウーシア》〉は、先ほどふれたテンポラールな視点からすれば、〈現前性(Anwesenheit《アンウェーゼンハイト》)〉だと考えてよい。ということは、「とりもなおさず、それはある特定の時間様態である現在(Gegenwart《ゲーゲンウアルト》)を顧慮して了解されている」(SZ 25)ということを意味する。ハイデガーはここでは、こうした古代存在論の伝統はパルメニデスまで遡られるという。

語ること《レゲイン》そのこと、ないしは覚知すること《ノエイン》——なにか眼前にあるものをその純粋な眼前存在性《フォアハンデンハイト》において直接覚知すること——、これはすでにパルメニデスが存在の解釈のための導きの糸にしていたものであって、あるものを純粋に〈現前する(Gegenwär《ゲーゲンウエル》-tigen《ティゲン》)〉というテンポラールな構造をそなえている。したがって、この現前作用において、この現前作用に対して現われてくる存在者——そして、それこそが真の存在者として了解されるのだが——、それは現-在《ゲーゲン・ウアルト》を顧慮して解釈されるわけであり、つまりは現前性《アンウエーゼンハイト》(現前《ウーシア》)として捉えられるのである。(SZ 25–26)

もっとも、ハイデガーによれば、こうしたギリシア的な存在解釈は、自分が手引きにしているもの、つまり時間のテンポラールな機能などにまったく気づくことなしにおこなわれている。それどころか、時間さえも他の存在者と並ぶ一種の存在者として受けとられ、しかも、きわめて素朴な存在了解の地平で時間のその存在構造も捉えられることになる。と、このあたりまではいいのだが、このあと話が少しおかしくなる。こんなことを言い出すのである。

> 存在への問いを原理的に開発しようとする以下の論述の枠内では、古代存在論の基礎についての――なかんずく古代存在論のうちでも学問的に見て最高でありかつもっとも純粋な段階であるアリストテレスの存在論の基礎についての――テンポラールな解釈を詳細に伝えることはできない。その代わりに、そこでは、古代存在論の基盤と限界の判定基準として選ぶことのできるアリストテレスの時間論についての一つの解釈を提示することにする。(SZ 26)

ハイデガーはここで、『自然学』第四巻第一〇章に見られるアリストテレスの時間論を採りあげ、これに解釈をくわえ、この時間論が、カントからベルクソンをまでふくむその後の時間についての見方を根本的に規定しているということを示す予定であったらしい。だが、この第三篇をふくめ、『存在と時間』第二部の構成には全体としてどこかおかしいところがある。この第二部の課題は、「テンポラリテートの問題群を手引きとして」存在論の歴史を解体することである。当然ここでは、カントやアリストテレスの時間論などではなく、その存在概念のテンポラールな意味の解明がおこなわれるべきである。この第二部で、この課題にまともに応えているのは第二篇だけということになる。第一篇と第三篇は明らかにこの課題から逃げている。

しかも、ハイデガーにこれができなかったわけではないのだ。直後におこなった講義『根本問題』では、カントの存在概念とアリストテレスの存在概念に真向から立ち向かい、みごとにそのテンポラールな意味を解き明かしてみせているからである。それどころか、アリストテレスの存在概念についてのそうした解明は、すでに一九二三年の「ナトルプ報告」にさえ見られる。どうしてこれを『存在と時間』第二部でやってみせようとしなかったのか。

私には、昔からこれが不思議でならなかった。が、最近になってそのわけが分かったような気がした。たぶんハイデガーは、『存在と時間』執筆の段階では、自分のいだいていある大胆不敵な構想にみずからたじろいだのではなかろうか。『存在と時間』上巻が、あれほど大きな反響を喚んでからなら話は違ったであろうが、なにしろそれまではほとんど無名な一哲学徒でしかなかった。たしかにあの時点で、『存在と時間』の第二部までが一挙に公刊され、カントやアリストテレスの存在概念についての大胆な解釈が発表されていたら、『存在と時間』の評価も変わり、ハイデガーは批判の嵐にさらされるということになっていたかもしれない。その思索においては大胆不敵なハイデガーも、世渡りに関してはひどく用心深く、小心翼々といったところがある。小人数相手の講義でなら本音も洩らすが、天下に公表される著作においては、さすがに自分の大胆な所説を展開してみせるのをためらい、いわばカントの時間論やアリストテレスの時間論——これだってずいぶん斬新な解釈だが、それでも、これなら思い切って斬新な見解といったところで通りそう——に逃げたのではないか、そう考えれば納得がいく、とこんなふうに私は考えている。

ハイデガーは、『存在と時間』上巻刊行の二年後、一九二九年に、第二部第一篇の構想に従ったカント解釈を『カントと形而上学の問題』という独立の論文に仕立てあげているが、彼もこの時点では、なんらかのかたちで『存在と時間』の第二部に当たるものを書くとしても、そこでのカント論は、カントの存在概念に焦点を当てたものでなければならず、先の構想に従ったカント解釈は、別のかたちでまとめるべきだと考えたのであろう。『存在と時間』では第二部第三篇に予定されていたアリストテレスの時間論の解釈も、『根本問題』では、第二部の第一章でおこなわれている。つまり、存在論の解体作業からははずされているのだが、これも順当な扱い方であろう。

そこで、これからおこなう『存在と時間』第二部の再構築も、ハイデガーの立てたプランどおりにではなく、彼が立てるべきであったプランに従っておこなおうと思う。つまり、あくまで伝統的存在論の存在概念に的をしぼって、その解体作業をおこなうことにする。つまり、先ほどもふれたように、『根本問題』においてハイデガーがそれをやってくれているのであるから、それをアレンジすればすむ。それほど面倒な作業ではない。

二　『根本問題』第一部について

前章でも述べたように、一九二七年夏学期の講義『現象学の根本問題』は、『存在と時間』の書き直しを意図しておこなわれた講義である。しかも、話の組み立てを全面的に変え、前後を逆にしている。発想の順序どおりに話を組み立て直そうとしたものと思われる。したがって、『存在と時間』の第二部の歴史的考察が『根本問題』では第一部でおこなわれることになる。つまり、『存在と時間』第二部の再構築のための有力な材料がここで提供されているわけである。

もっとも、この講義は『存在と時間』の書き直しと銘打っておこなわれたわけではなく、それなりのテーマを掲げている。ハイデガーは「序論」の第一節「テーマの提示と、そのテーマの一般的分節」でそのテーマを提示し、講義の構成を論じているが、それによれば、「現象学」というのは、「学的哲学の方法」のことであり、「哲学」ないし「存在論」とまったく置き換え可能な概念だとされている。それなら、この講義の表題も「哲学の根本問題」とすればよさそうなものであり、「現象学」を持ち出す必要はない。それなのにあえて「現象学」を掲げたのは、先にも述べたように、自分の後任としてハイデガーをフライブルク大学に呼びもどしてくれそうな先生のフッサールを喜ばせるためではないかと疑いたくなるくらいである。したがって、表題に出てくる「現象学」にはほとんど意味はなく、この表題は「哲学の根本問題」と読み換えてよく、そしてその「哲学」の根本問題は「存在一般の意味の究明」だと考えておいてよい。

第一部は、そのために「西洋哲学史の展開過程で発せられた〈存在〉に関するいくつかのテーゼ」を「任意に」選び出し、それについての批判的論及を通じて存在問題になじませることを狙いとする、と謳われている。したがって、『根本問題』の第一部を、そっくり

『存在と時間』第二部に置き換えるわけにはいかないにしても、相当程度それをカヴァーしていると見てよい。『根本問題』第一部の構成をもう一度見ておきたい。

第一章　カントのテーゼ「存在はレアールな述語ではない」。
第二章　アリストテレスにまで遡る中世存在論のテーゼ「存在者の存在には本質存在《エッセンティア》と事実存在《エクシステンティア》が属する」。
第三章　近代存在論のテーゼ「存在の基本様態は自然の存在（延長するもの《レース・エクステンサ》）と精神の存在（思考するもの《レース・コギタンス》）である」。
第四章　論理学のテーゼ「すべての存在者は、それらのそのつどの存在様態にはかかわりなしに〈デアル〉によって語りかけられ論議される」。繋辞《コプラ》としての存在。

このうち、カントの存在概念を検討する第一章は、『存在と時間』第二部第一篇にそのまま据えられてよいものである。カントの図式機能論や時間論を論じる、予定されていたものより、こちらの方がよほどぴったりする。
『根本問題』第一部第二章は、中世存在論つまりスコラ哲学からアリストテレスの古代存在論まで遡って〈本質存在―事実存在〉という対概念の意味を追究しようというのであるから、デカルトから中世存在論へ遡る『存在と時間』第二部第二篇とは重ならないように思われるが、『存在と時間』でもデカルトは付けたりで、狙いは中世存在論の存在概念の検討にあったようだから、それをカヴァーしているし、さらに『存在と時間』第二部第三篇で扱われるべきだったアリストテレスの存在概念の検討までがここでおこなわれていることになる。

『根本問題』第一部第三章は、時間の順序を逆に、ふたたびデカルトにもどって、ここでその存在概念を検討するかに思われるが、実際にここでおこなわれているのはカントの「人格性」の概念の検討である。同じく第一部第四章では、「AハBデアル」と言われるときの「デアル」、つまり繫辞《コプラ》としての存在《ザイン》であり、アリストテレス、ホッブズ、J・スチュアート・ミル、ヘルマン・ロッツェのこの繫辞としての存在についての見解が検討されている。この第三、第四章は、『存在と時間』第二部の主題とは直接は繫がらない。このあたり、ハイデガーがなにをどう考えていたのか、私にも見当がつかない。ただ、この『根本問題』は、第一、第二、第三部がそれぞれ四章仕立てになっていて、第一部の第一章、第二部の第一章、第三部の第一章にある対応があり、他の章に関しても同様であるらしいから、そこにハイデガーなりのある仕掛けがあるのかもしれず、これについても私なりにある考えがないではないが、これは『存在と時間』未刊部再構築という目下の仕事に直接関わりがないので、これ以上立ち入らない。

要するに、『存在と時間』第二部の再構築ということなら、『根本問題』第一部の第一、第二章だけで間に合うということである。この二つの章と、それに『存在と時間』第二部第二篇で論じられようとしていたことをも考慮に入れて、第二部のその再構築をおこなうことにしたい。

三　カントの存在概念

今述べたように、ハイデガーは『根本問題』第一部第一章で〈存在〉に関するカントのテーゼを採りあげ、彼の存在概念を検討している。彼は、これと似た内容の「存在についてのカントのテーゼ」という論文を一九六一年に書き、それをのちに論文集『道標』に収録している。これこそ、『存在と時間』第二部第一篇に据えられるべきものだったということも、すでに述べたとおりである。

カントのそのテーゼとは、「存在するということは事象内容《レアール》を示す述語ではない」というものであり、『神の存在証明の唯一可能な証明根拠』(一七六三年)や『純粋理性批判』(一七八一年)の「弁証論」(B 626) に見られるものである。

ところで、いま「事象内容を示す」とまわりくどい訳し方をしたのは〈real《レアール》〉という形容詞であり、これを名詞化すると〈Realität《レアリテート》〉となる。哲学用語としては、通常〈実在的〉〈実在性〉と訳される言葉である。しかし、カントのこのテーゼの「事象内容を示す」と訳した部分を「実在的」と訳すと、このテーゼは「存在するということは実在的な述語ではない」ということになり、なにを言っているのかまったく分からなくなる。いくら哲学者がわけの分からないことを言うからといっても、こんな無意味なことを言うわけはない。だが、このテーゼは従来こう解されてきた。『純粋理性批判』の邦訳でも、このテーゼは、いまだにこう訳されている。〈Realität《レアリテート》〉もそうで、これは『純粋理性批判』の核心部に属する「カテゴリー表」のうちに「質」のカテゴリーの一つとして現われてくるが、これも「実在性」と訳すと、「様相」のカテゴリーに出てくる「現実存在《ダーザイン》」(=「現実性《ウイルクリヒカイト》」)とどこがどう違うのか分からなくなる。しかし、これもこれまではつねに「実在性」と解され訳されてきた。

ところが、ハイデガーはここで、この〈real《レアール》〉〈Realität《レアリテート》〉を〈実在的〉〈実在性〉と訳すのは間違いだと言う。もともと〈real《レアール》〉という形容詞は〈物〉を意味するラテン語の〈res《レース》〉に由来し、〈事物の事象内容に属する〉〈事物の事象内容に関わる〉といった意味である。少なくともカントの時代まではそういう意味でしか使われなかったということを、ハイデガーはスコラの哲学者やデカルトの用例を挙げて論証してみせる。これだけでも驚くべき発見である。これだけ読み継がれ研究されつくしたカントの『純粋理性批判』の、それももっとも核心的な部分について、永いあいだこんな大きな誤解のあったこと(むろん日本だけではない)を指摘し、訂正してみせたのであるから。

それにしても、「存在する《ザイン》ということは事象内容《レアール》を示す述語ではない」というこのテーゼは、どういう場面に現われてくるのか。このテーゼは、『純粋理性批判』では「超越論的弁証論」のうち「純粋理性の理想」つまり神の理念を論ずるなかで、神の存在の「存在論的証明」を論駁する際に持ち出される。この「存在論的証明」には、第一章でもふれたので(三四ページ以下)、もう一度そこをご参照願いたいが、簡単に繰りかえすと、次のようなことになる。つまり、〈神はもっとも完全な存在者である。もっとも完全な存在者とは、すべての肯定的な規定(「神は全能である」「神は無限である」……)をふくむ存在者のことである。

ところで、「存在する《ザイン》」ということも一つの肯定的な規定である。神は当然この規定もふくんでいる。したがって、神は存在する〉。

一一世紀にアンセルムスによって案出され、一三世紀にトマス・アクィナスによって否定されたこの証明を、一七世紀にデカルトがもう一度再興したのであるが、カントはこれを次のような理由で否認するのである。つまり、〈AハBデアル〉（たとえば〈犬は四つ足である〉）という命題において、〈Bデアル〉（〈四つ足である〉）という述語は、A（犬）という主語概念のもつ事象内容を示す述語、つまり〈real《レアール》な述語〉である。このばあい、そのAが現実に存在するかしないかはどうでもいい。たとえば幾何学において〈円は一点から等距離にある点の軌跡である〉と言われるばあい、〈一点から等距離の点の軌跡である〉は円という主語概念についての〈real《レアール》な述語〉であるが、その円が現実に存在するかどうかについてはなにも言っていない。それに対して、〈Aガアル〉〈Aが存在する〉（たとえば〈ここに犬がいる〉）という命題における〈アル〉〈存在する〉は、主語概念の事象内容を示す〈real《レアール》な述語〉ではなく、主語概念に対応する対象について判断主体がおこなう定立作用《ポジツィオン》、つまりその対象と判断主体の認識作用とのあいだにどういう関係が成り立っているかを示しているにすぎない。「存在する《ザイン》ということは事象内容《レアール》を示す述語ではない」というテーゼが言わんとしているのは、こういうことなのである。してみれば、もっとも完全な存在者である神はすべての事象内容をそなえていなければならないからといって、その事象内容のうちに〈存在する〉ということをまでふくめ、〈ゆえに神は存在する〉と結論するこの証明は誤りだ、とカントは主張するのである。

先ほどもふれたように、ハイデガーはここで、〈Realität《レアリテート》〉という言葉についての実に面白い考証をおこなっている。少し話が本筋から離れるきらいもあるが、それを紹介しておきたい。この種の考証にふれるのも、彼の講義録を読む大きな楽しみの一つだからである。なにしろハイデガーは卓越した哲学史家でもあるのだ。

ハイデガーは、カントの〈Realität《レアリテート》〉の概念は、彼の〈objektive Realität《オブイエクティイーヴェ・レアリテート》〉の概念とはっきり区別して考えなければならないと言う。後者は、ある事象内容《レアリテート》が、現実的なものとして経験されている対象《オブイエクト》・客観のもとで実現されている状態を言い、〈現実性《ウイルクリヒカイト》〉とほとんど同義である。のちに〈Realität《レアリテート》〉という言葉が、〈現実性〉と同義の〈実在性〉という意味で使われるようになるのも、この〈客観的事象性《オブイエクティイーヴェ・レアリテート》〉の概念が誤解され、いわば切りつめられてのことであろう。もともと〈Realität《レアリテート》〉という言葉にはそうした〈実在性〉という意味はなく、先ほど述べたように、可能的なものであろうと現実的なものであろうと、ある事象がもつ事象内容を意味する。先ほどの例で言えば、私が〈円は一点から等距離にある点の軌跡である〉という定義をおこなっているとき、私はその円が現実に実在するとかしないとかはまったく問題にしていない。そうしたことは問題にせずに、ある事象を思い描き、その事象の事象内容の織りなす関係を見定めることができるのである。いまの例で言うなら、〈一点から等距離にある点の軌跡である〉ということが円の事象内容、つまりそのRealität《レアリテート》なのである。

ハイデガーによれば、Realität《レアリテート》という言葉のこうした用法は、遡ってデカルトにも見られる。デカルトはたとえば、誤謬とか、一般に悪しきものはなんらレアールなものではないと言う。これは、誤謬というものが現実には存在しないと言おうとしているのではない。むろん誤謬は現実に存在するが、しかしそうした誤謬や一般に悪しきものは、それだけで自立した事象内容をもつ一個の事象《レース》ではなく、そうしたものは、ある自立した事象内容をもつもの、たとえば善の否定によってのみ生じてくるものであり、そうした否定によってのみ存在しうるものだ、ということをデカルトは言わんとしているのである。

同様にデカルトが、『省察』の「第三省察」で神の存在証明をおこなう際に、〈realitas obiectiva《レアリタス・オブイエクティーヴァ》〉とか〈realitas actualis《レアリタス・アクトゥアーリス》〉と言うときも、デカルトは〈realitas《レアリタス》〉を、上で言われたような意味での事象内容と考えている。ただし、話はややこしくなるが、デカルトのこの〈realitas obiectiva《レアリタス・オブイエクティーヴァ》〉は、先ほどのカントの〈objektive Realität《オブイエクティーヴェ・レアリテート》〉と、ラテン語とドイツ語の違いはあれ言葉の形はそっくりなのに、その意味はまったく違う。むしろ、逆の意味である。デカルトからカントに至る間に、〈objektiv《オブイエクティーフ》〉という言葉の意味がまったく変わってしまったからである。デカルトの言う〈realitas obiectiva《レアリタス・オブイエクティーヴァ》〉は、スコラ哲学においてと同様に、心に投射《オブイエクテレ》された事象内容、単なる表象作用のうちで思い描かれただけの事象内容、つまりある事象の本質を意味し、〈可能性〉と同義であるのに、カントの〈objektive Realität《オブイエクティーヴェ・レアリテート》〉は、客観のうちに現実化された事象内容を意味し、〈現実性〉と同義である。デカルトにあってカントのこの概念に対応するのは、むしろ〈realitas actualis《レアリタス・アクトゥアーリス》〉の方で、これは現実化された(actu《アクトゥ》)事象内容を意味する。

　これは、先ほどもふれたように、デカルトからカントにいたる間に、〈Objekt《オブイエクト》〉という言葉、それと同時に〈Subjekt《ズブイエクト》〉という言葉の意味が変わったからである。〈subiectum《スブイエクトゥム》〉というラテン語は、アリストテレスの用語〈ヒポケイメノン(基体)〉の訳語として造られ、中世から近代初頭までもっぱらその意味で使われていた。〈基体〉というのは、それ自体で自存している存在者のことであり、近代的な意味でならどちらかといえば客観的な存在者に近い。〈obiectum《オブイエクトゥム》〉もアリストテレスの用語〈アンチケイメノン〉の訳語として作られ、スコラの時代には、心に投射《オブイエクテレ》された事物の姿、つまり観念のようなものを意味していた。アリストテレスにおける〈ヒポケイメノン〉と〈アンチケイメノン〉、スコラにおける〈subiectum《スブイエクトゥム》〉と〈obiectum《オブイエクトゥム》〉は別に対《つい》をなしていたわけではないのだが、それが一八世紀、カントの時代に、意味を逆転した上で対《つい》にされ、〈Subjekt《ズブイエクト》〉が〈主観〉、〈Objekt《オブイエクト》〉が〈客観〉を意味するようになった。その背景には、中世的思考様式の近代的思考様式への大きな転換があったのだが、これ以上ここで立ち入るわけにはいかない(これについては、『岩波哲学・思想事典』の「主観」という項目にもう少し立ち入って書いたので、ご参看いただきたい)。

いずれにせよ、〈objektiv《オブイエクティーフ》〉という形容詞の意味が変様したため、ほとんど同じ形に見えるデカルトの〈realitas obiectiva《レアリタス・オブイエクティーヴァ》〉とカントの〈objektive Realität《オブイエクティーヴェ・レアリテート》〉の意味がまるで逆になってしまったことを、ハイデガーは指摘してみせる。デカルトのばあいもカントのばあいも、現行の邦訳では、これらの言葉があっさり「客観的実在性」と訳されているのであるから、なにがなんだか分からなくなっても当然である。デカルトの『省察』やカントの『純粋理性批判』といったもっとも基本的な哲学書の中心部に、こんな初歩的な無知が残っているのだから、日本の哲学研究の水準も知れたものである。

話がすっかり脇道にそれてしまったが、『純粋理性批判』の神の存在の「存在論的証明」を論駁するこのくだりに、有名な可能的一〇〇ターレルと現実的一〇〇ターレルの話も出てくる。つまり、頭のなかで思い浮かべられただけの可能的な一万円札も、私の財布のなかにある一万円札も、その事象内容《レアリテート》に関してはまったく同じである。たとえば、〈紙でできている〉〈その大きさは縦…センチ、横…センチである〉〈それでもって……の品物を買うことができる〉等々の事象内容に関しては、つまり〈デアル〉に関してはまったく変わりはない。だが、その一万円札がただ思い浮かべられただけのものか、現実《ウイルクリツヒ》に私の財布のなかにあるかは、つまりその〈ガアル〉に関しては決定的に異なる、というのである。

してみれば、カントがここで主張しようとしているのは、〈デアル〉という意味での存在（本質存在《エッセンティア》）に〈ガアル〉という意味での存在（事実存在《エクシステンティア》）を還元することはできない、ということである。この〈事実存在《エクシステンティア》〉という概念は〈現実存在《ダーザイン》〉〈現実性《ウイルクリヒカイト》〉という概念と同義である。カントにとっては、カテゴリー表どおり、〈Realität《レアリテート》〉と〈Wirklichkeit《ウイルクリヒカイト》〉は截然と区別されねばならないのである。〈事象内容性《レアリテート》〉は「質」のカテゴリーに属し、〈現実性《ウイルクリヒカイト》〉は「様相」のカテゴリーに属する。その〈Realität《レアリテート》〉を「実在性」などと訳したのでは、まったくなにがなんだか分からなくなる。

ところで、話は変わるが、〈現実性〉を意味するドイツ語の〈Wirklichkeit《ウイルクリヒカイト》〉の語幹には、〈wirken(働きかける)〉という動詞がふくまれている。英語でこれに対応するのが〈actuality〉であり、ラテン語にまで遡ると〈actualitas《アクトウアリタス》〉であるが、ここにも〈働き〉という意味の〈act〉〈actus《アクトウス》〉がふくまれている。いずれのばあいにも、〈現実性〉を成り立たせているのは、なんらかの働きだと考えられていることになる。その〈働き〉をどう解するかはさまざまだが、いずれにせよなんらかの働きによって事物は現実に存在するようになると考えられているわけである。

中世存在論つまりスコラ哲学では、その働きは当然のこと神の創造の働きと考えられていた。神によって創造されることによってはじめて、事物は現実に存在するようになるのである。近代に入ってからは、通常はその働きは事物の働き、たとえばわれわれの感覚器官に対する事物の働きかけと考えられた。そうした働きかけの力をもったものだけが、現実に存在するとみなされたのである。だが、近代の哲学者のなかでもカントだけが例外的に、現実性を成り立たせるその働きを認識主観のおこなう定立作用と考えた。〈ガアル〉という意味での〈存在する〉は、認識主観がその対象に関しておこなう一定の定立作用を表示する述語であって、主語概念の事象内容を示す述語ではない、というのがカントの言い分であった。

ハイデガーはここでカントの言うこの定立作用に分析をくわえ、カントにあって〈事実存在《エクシステンティア》〉つまり〈現実性《ウィルクリヒカイト》〉を成立させる働きは、認識主観のおこなう〈知覚作用〉、あるいはもっと広く〈表象作用（Vorstellung《フォアシュテルング》——言葉の造りからすると、前に《フォア・》‐立てる《シュテルング》働きという意味になる）〉だということを明らかにしてみせる。その上で、ハイデガーはさらに分析を進めて、カントのこの〈表象作用《フォアシュテルング》〉はもっと広い意味での〈制作作用（Herstellung《ヘアシュテルング》——言葉の造りからすると、こちらへ《ヘア・》向けて‐立てる《シュテルング》という意味になる）〉の一ヴァリエーションと見ることができるから、カントの考えの根底には、本人もそれと気づかないままに、〈存在する〉ということを〈作られてあること〉〈被制作性（Hergestelltheit《ヘアゲシュテルトハイト》）〉と見る存在概念がひそんでいることを論証してみせる。

〈制作作用〉とは文字通り〈作る〉ということであり、人間が道具を作るのであれ、神が世界を創造するのであれ、いままでそこになかったものを眼前に出現させる働きだと考えてよい。それがどういう種類の制作作用かははっきり意識されないままに、〈存在＝被制作性〉という存在概念がカントによっても承け継がれ、その哲学の根底に据えられていた、とハイデガーは主張するのである。

四　中世存在論の存在概念

〈存在論の歴史の解体〉という文脈のなかでハイデガーがデカルトに言及しているのは、『存在と時間』の「序論」第六節においてだけであるが、そこで彼はデカルトを次のように位置づけている。

すでにふれたように、『存在と時間』第二部でハイデガーはカントの存在概念に真向から取り組むのではなく、『純粋理性批判』の〈図式機能論〉と〈時間論〉を採りあげ、カントがハイデガー自身の言う〈テンポラリテート〉の問題圏、つまり〈時間と存在〉の問題圏の閾ぎわまで迫りながら、結局そこにいたりつけなかった理由を追究する予定であった。そして、その理由の一つは、カントが〈時間〉を問題にする際に通俗的時間概念——その源は、アリストテレスの時間論、というよりはむしろ、アリストテレスの時間論についての浅薄な理解にあるということらしいが——を拠りどころにし、時間の根源的現象——現存在の時間性、それも本来的な時間性——に眼を向けなかったところにあり、もう一つの理由は、カントが主観の主観性を問う際に、デカルトの〈われ思う《コーギト》〉に無批判に依拠したところにある。たしかにカントは、主観の主観性の核をなす超越論的統覚を〈われ思う《イッヒ・デンケ》〉という働きとして捉えている。

ところが、デカルトは、「われ思う《コーギト》、われあり《スム》」のその〈われ〉の〈存在〉を規定する際、明らかにスコラ哲学の影響下に生まれた〈思考するもの《レース・コギタンス》〉という概念に拠っている。スコラ哲学においては、〈もの《レース》〉はむろん〈存在者《エンス》〉の一種であり、〈存在者《エンス》〉は一貫して〈被造的存在者《エンス・クレアートゥム》〉、つまり神の〈創造作用《クレアティオ》〉によって造り出された被造物と考えられている。つまり、ここでも〈存在する〉ことは〈作られてある〉こと、〈存在＝被制作性〉という存在概念が支配しており、デカルトもそれを踏襲していることになる。

一方、『根本問題』の第一部第二章ではハイデガーは、中世存在論つまりスコラ哲学における〈本質存在《エッセンティア》〉と〈事実存在《エクシステンティア》〉の区別を問題にする。〈本質存在〉とは〈あるものが何であるか〉、つまりそれが机であるか椅子であるかというばあいの〈存在〉を言い、〈事実存在〉とは〈あるものがあるかないか〉、たとえばここに机があるかないかというばあいの〈存在〉を言う。簡単に言えば、〈デアル〉という意味での存在と〈ガアル〉という意味での存在のことであり、前節で問題になった〈Realität《レアリテート》〉と〈Wirklichkeit《ウイルクリヒカイト》〉の区別に対応する。

われわれ日本人にとっては、〈ガアル〉を〈存在〉と呼ぶことにはそれほど抵抗がないが、

〈デアル〉を〈存在〉と呼んだり、〈本質存在〉という言い方にはどこかひっかかるところがある。〈本質〉だけですましてもらいたい気がする。どうしてそういう語感の違いが生ずるかはあとで考えることにするが、〈essentia《エッセンティア》〉という言葉は、字面からしても〈esse《エッセ》（存在する）〉という動詞から派生したものであるから、やはり〈本質存在〉と訳さざるをえないのである。キリスト教の信仰と連動しているスコラ哲学においては、神によって創造された被造物の〈本質存在〉と〈事実存在〉の関係をどう捉えるかは、神の創造の働きをどう考えるかという問題に直接結びつくので、この二つの存在の区別の仕方について実に煩瑣な議論がたたかわされた。ハイデガーはここで、トマス・アクィナス、ドゥンス・スコートゥス、スワーレスといったスコラの哲学者たちによっておこなわれたその議論を詳細に跡づけているが、それを紹介しているいとまはない。

むしろ問題は、ハイデガーが『根本問題』の第一部第二章の表題に、「アリストテレスにまで遡る中世存在論のテーゼ」と謳い、存在者の存在を〈本質存在〉と〈事実存在〉に区別するこの存在概念が、アリストテレスによって代表される古代存在論に由来するものだと主張しているところにある。たしかにアリストテレスは、事物について〈それが何であるか〉という意味での存在と、〈それがあるかないか〉という意味での存在とを区別し、前者を〈to ti estin《ト・ティ・エスティン》（それが何であるかということ、英語に翻訳すれば the what is it）〉、後者を〈to hoti estin《ト・ホティ・エスティン》（それがあるということ、the that it is）〉と概念化してみせている。〈essentia《エッセンティア》〉〈existentia《エクシステンティア》〉は、そのスコラ的翻訳なのである。

しかし、ハイデガーはここではアリストテレスのこの区別や、この区別の起源には直接言及せず、〈essentia《エッセンティア》〉と〈existentia《エクシステンティア》〉のそれぞれについて、古代存在論にまでその由来をたどり、結局そのいずれもが、〈存在＝被制作性〉という特定の存在概念にもとづくものであることを確かめようとしている。

五　古代存在論の存在概念

ハイデガーはまず〈事実存在《エクシステンティア》〉の由来をたどってみせる。前にもふれたように、〈事実存在《エクシステンティア》〉とほぼ同義の〈現実性〉を意味するドイツ語の〈Wirklichkeit《ウイルクリヒカイト》〉にも、ラテン語の〈actualitas《アクトウアリタス》〉にも、〈働く〉という意味の動詞〈wirken《ウイルケン》〉〈agere《アゲレ》〉が語幹になっている。ラテン語の〈actualitas《アクトウアリタス》〉のばあい、〈agere《アゲレ》〉の過去分詞形〈actus《アクトウス》〉が語幹になっている。カントにおいてと同様に、スコラ哲学においても現実性を成り立たせているのはなんらかの

〈働き〉だと考えられているのだが、ただしスコラ哲学においては、この働きが神の創造の働きだと考えられている、ということについてはすでに述べた。神の創造作用も広い意味での制作作用であり、中世存在論の根底にも〈存在＝被制作性〉という存在概念がひそんでいるのである。

ところで、〈現実性〉を意味するスコラの〈actualitas《アクトゥアリタス》〉というこの用語は、ギリシア語の〈energeia《エネルゲイア》〉のラテン語訳である。〈energeia《エネルゲイア》〉はアリストテレスがみずから造語した用語であり、〈en《エン》＋ergon《エルゴン》＋語尾〉という造りになっている。〈en《エン》〉は英語の〈in〉と同様、〈なかに〉〈おいて〉という意味の前置詞である。そして、〈ergon《エルゴン》〉には〈活動、働き〉という意味がある。〈energeia《エネルゲイア》〉は〈可能態〉という意味の〈dynamis《デュナーミス》〉と対《つい》にされて〈現実態〉と訳されるが、それは通常、可能性の状態にある潜勢力が現実に発動され、活動している状態という意味に解されてのことである。ラテン語の〈actualitas《アクトゥアリタス》〉の語幹になっている〈actus《アクトゥス》〉にも、〈実現された働き〉という意味がある。したがって、通説では、〈energeia《エネルゲイア》〉もそのラテン語訳である〈actualitas《アクトゥアリタス》〉も、〈力が現実に発動中〉という意味で〈現実態〉〈現実性〉を意味するのだと考えられている。ギリシア語のこの〈energeia《エネルゲイア》〉がそのまま近代語に承け継がれて〈Energie《エネルギー》〉〈energy《エナージー》〉になったことは一目瞭然であろうが、これらの近代語も現実に働いている力を意味している。

ところがハイデガーは、この通説に異を唱える。彼の考えでは、〈energeia《エネルゲイア》〉の語幹になっている〈ergon《エルゴン》〉は〈作品〉という意味であり、したがって〈energeia《エネルゲイア》〉は〈作品《エルゴン》のうちに《エン》現われ出ている状態〉を言う。つまり、〈可能態《デュナーミス》〉にあった質料《ヒュレー》（材料）が制作過程を完了し、一定の形《エイドス》のうちに身を置き、自立した作品として静止し安らっている状態が〈エネルゲイア〉なのである。してみれば、近代語の〈エネルギー〉や〈エナージー〉は、形だけは承け継いでいるものの、〈エネルゲイア〉とはまったく反対の意味になっていると、ハイデガーは主張するのである。

　やはりアリストテレスが造語した用語で、〈エネルゲイア〉とほとんど等価的に使われる〈entelecheia《エンテレケイア》〉という言葉がある。通常〈完成態〉と訳されるが、これも〈en《エン》＋telos《テロス》＋echein《エケイン》〉という造りになっており、〈運動（制作過程）の終局《テロス》のうちに《エン》身を置いている《エケイン》状態〉を意味する。

　このように、ハイデガーは、〈エネルゲイア〉も〈エンテレケイア〉もいずれも作品の制作過程に定位してつくられた概念であり、しかもこのばあいは、その制作の働きはあくまで人間のそれだと主張する。『根本問題』第一部第二章のこの箇所（第一一節中の小節）にも「エッセンティアとエクシステンティアの暗黙の了解地平としての現存在の存在者に対する制作的振舞いへの遡行」という表題が付けられている。

ということはつまり、人間の制作的振舞いに定位して形成された〈エネルゲイア〉の概念が、いわば歪曲されながら中世存在論の〈actualitas《アクトウアリタス》〉という概念や近代存在論の〈Wirklichkeit《ウイルクリヒカイト》〉という概念に継承されたということである。ただし、中世存在論はその制作の働きを神の創造作用として捉えなおした。近代哲学においては、一般には〈現実性《ウイルクリヒカイト》〉を成り立たせる〈働き《ウイルケン》〉は事物の働きかけだと解された。つまり、事物が認識主観の感覚器官を刺戟する働きとか、ある事物の他の事物への働きかけと解され、そうした働きかけの力をもつものだけが〈現実に存在する〉とみなされたのである。だが、近代の哲学者のなかでもカントだけが例外的にこの働きを認識主観のおこなう〈定立作用〉〈表象作用〉と考えた。ハイデガーは、カントのこの考え方が、本人も意識しないままに、〈現実性〉の概念の古代ギリシア的原義をかなり的確に言い当てている、と見ている。

次にハイデガーは〈本質存在《エッセンティア》〉の由来を、古代存在論、つまりプラトン／アリストテレスの哲学に探しもとめる。〈本質存在《エッセンティア》〉とは、あるものが〈何であるか〉という意味での存在であり、すでにアリストテレスが〈to ti estin《ト・テイ・エステイン》 (the what is it)〉という形で概念化してみせたものである。プラトン／アリストテレスの古代存在論においては、この〈本質存在〉を表示するために次のようなさまざまな用語が使われている。〈morphē《モルフェー》〉〈eidos《エイドス》〉〈idea《イデア》〉〈to ti ēn einai《ト・ティ・エーン・エイナイ》〉〈genos《ゲノス》〉〈horos《ホロス》〉〈horismos《ホリスモス》〉――これらはいずれも、プラトン／アリストテレスの基本的用語である。ここでハイデガーは、これらの用語の成立の地平を明らかにしようとしている。

まず〈モルフェー〉と〈エイドス〉〈イデア〉の関係を考えてみよう。〈モルフェー〉は通常〈形態〉と訳され、事物の外形を意味する言葉と考えられているが、ハイデガーはこの考えを却け、〈モルフェー〉とは事物の成り立ちぐあい、つまりその内的仕組みをもふくんだ〈構造〉を意味する言葉だと主張する。一方、〈エイドス〉と〈イデア〉は外から見られた事物の〈形・姿〉を意味する。とすると、もしわれわれが通常の知覚経験、つまり〈見る〉という経験に定位して考えるならば、事物の〈構造《モルフエー》〉がその事物に一定の〈形《エイドス》〉をとらせるわけであろうから、〈構造《モルフエー》〉が〈形《エイドス》〉を基礎づけると考えるはずである。ところが、プラトン／アリストテレスの古代存在論においては、この基礎づけの関係が逆になっており、〈形《エイドス》〉が〈構造《モルフエー》〉を基礎づけるとされている。ということは、プラトン／アリストテレスは、これらの概念を形成するにあたって、知覚経験にではなく、もっと別種の経験に定位していたということである。

ハイデガーはそれを制作的振舞いだと見る。たとえば陶工が粘土をこねて壺を作るとき、その制作は範例となるなんらかの形に導かれておこなわれる。つまり、これから作られるべき壺の形を先取りし、それへ魂の眼を向けながら、粘土を壺へと構造化していくのである。〈エイドス〉とか〈イデア〉とか呼ばれているのは、まさしく作られるべき物のこの先取りされた〈形〉にほかならないのであり、だからこそ〈形《エイドス》〉が〈構造《モルフエー》〉を基礎づけるということにもなるのである。

ついでに言うと、ギリシア人の考えでは、そうした〈イデア〉は魂の眼によって観取《テオレイン》される。したがって彼らにとって、〈観取・観照・理論《テオーリア》〉はけっして〈実践《プラクシス》〉と対立するようなものではなく、あくまで〈制作的実践《ポイエーシス》〉の一環をなすものでしかない。もっとも、ギリシア的〈制作《ポイエーシス》〉は近代的な意味での〈製造〉とは、無関係ではないまでも、やはり区別して考えられねばならない。ギリシア的〈制作〉の本領は、このように〈イデア〉を観取し、それをこちらに招き寄せ、眼前の〈材料《ヒユレー》〉のうちに据えるところにあるのだ。言うまでもなく〈形・形相《エイドス》〉と〈材料・質料《ヒユレー》〉という対《つい》概念も、この制作の場面で生まれたものである。そしてアリストテレスは、この〈形相《エイドス》〉と〈質料《ヒユレー》〉という対概念こそプラトン哲学の基本概念だと言っている。

明らかに彼〔プラトン〕はただ二種類の原理《アイティア》しか使わなかった。すなわち、ものの〈何であるか《ト・ティ・エスティン》〉を示すそれと、質料《ヒュレー》としてのそれとである。けだし、明らかに彼の言う〈形相《エイドス》〉とは、他のすべての事物の〈何であるか〉を示す原理であるから。（『形而上学』第一巻第六章、988a8）

蛇足をくわえれば、〈形相《エイドス》〉がものの〈何であるか《ト・ティ・エスティン》〉を示す原理なのだとすれば、〈質料《ヒュレー》〉は〈それがある《ト・ホティ・エスティン》〉を示す原理だということになるはずである。

ところで、もしそうだとしてみれば、この〈形《エイドス》〉は、作られる当の物が制作行為によって現実化されるそれ以前にすでに〈何であったか〉を告げるものである。本質存在を示すためにアリストテレスの使う〈それがあったところのものであるその存在(to ti ēn einai《ト・ティ・エーン・エイナイ》 英語にそのまま移してみれば the being what it was)〉という奇妙な用語は、まさしくこういった事態を念頭に置いて作られたものにちがいない。この言葉は、何を言おうとしているのか見当もつかないために、通常は簡単に〈本質〉と訳されているが、ハイデガーの言うように制作の場面に引きもどして考えると、その言わんとすることが分かってくる。〈形《エイドス》〉はまた〈genos《ゲノス》〉とも言いかえられる。〈ゲノス〉は通常〈種〉〈種類〉などと訳される言葉であるが、ハイデガーはこの言葉は、〈出自〉〈素姓〉〈由来〉といった古い意味で解されるべきだと言う。つまり、作られた物がそこに由来する〈エイドス〉〈イデア〉がその物の〈出自《ゲノス》〉なのである。さらに〈形《エイドス》〉は、ある物の制作が完了したとき、それがいかなる物となるべきか、つまりそれがどれだけの事象内容を包含しているべきか、その包含の〈境界《ホロス》〉としても機能しているので、〈形《エイドス》〉は〈horos《ホロス》〉とも言いかえられる。そして、その〈境界《ホロス》〉の内に包みこまれて《ホリツエイン》いる事象内容の総体がその物の〈定義《ホリスモス》〉になるので、〈形《エイドス》〉が〈horismos《ホリスモス》〉と言いかえられることにもなるのだ。

こうして、〈本質存在〉を示す古代存在論の基本概念もすべて、制作的振舞いに定位して形成されており、したがって、その根底には〈存在＝被制作性〉という存在概念がひそんでいる、とハイデガーは主張するのである。

従来古代ギリシア民族はきわめて視覚的な民族であり、労働は奴隷にゆだね、市民は観照的な生活を送った、だからこそ彫刻や建築といった造型芸術の傑作を残したのだし、また〈イデア〉〈エイドス〉〈テオーリア〉といった視覚に由来する概念を軸に思索したのだ、と信じられてきた。そうした通念に逆らってハイデガーは、古代哲学の基本概念が制作的振舞いに定位して形成されたと、なんとも大胆不敵な主張をするのだが、これだけ丹念に裏づけられると、彼の主張も強い説得力をもってくる。彼のこの主張が昨日今日思いつかれたものではなく、若い日の執拗なまでのアリストテレス読解の末得られた結論であることは、すでに一九二三年の「ナトルプ報告」で、アリストテレスにとっては「存在《ザイン》するということの意味は、もともと制作されてある(Hergestelltsein《ヘアゲシュテルトザイン》)ということである」(『ディルタイ年鑑』第六号、二六八ページ)と言われていることからも明らかである。

だが、先ほども述べたように、ギリシア的な意味での〈制作《ヘアシュテレン》〉は近代の〈製造〉とは明確に区別されなければならない。ギリシア的意味での〈制作〉とは、「広い狭いは問わず、手の届く範囲に持ちきたらす、それも制作され、そのように持ちきたらされたものがそれ自体で自立し、そのように自立したものとして見いだされ、われわれの眼前に身を置くといったぐあいにそれを持ちきたらす」(GP 152)ことなのである。ハイデガーによれば、通常〈基体〉と訳されているが、文字通りには〈眼前に横たわるもの〉という意味の〈hypokeimenon《ヒポケイメノン》〉というアリストテレスの用語も、そのように制作され終わって眼前に自立し安らっているもの、道具のように「人間の振舞いのきわめて身近かな範囲に存在していて、つねに使用可能な状態にあるもの」の呼び名にほかならないのである(GP 152-153)。

プラトンやアリストテレスの古代存在論の根底に〈存在=被制作性〉という存在概念がひそんでいるということを裏づけるために、ハイデガーはもっと決定的な証拠を持ち出す。プラトンとアリストテレスがそろって〈存在〉を表示するために使う〈ousia《ウーシア》〉という言葉がそれである。この言葉はその造りから言えば、英語の〈be〉にあたる動詞〈einai《エイナイ》〉の現在分詞女性形〈ousa《ウーサ》〉から派生したものであるから、もともと〈存在〉といくらか関わりのある言葉ではあるのだが、当時の日常語では、〈家屋敷・財産〉という意味で使われていた。プラトン/アリストテレスがこの日常語を拾いあげ、いわばもっとも抽象的な〈存在〉を指す哲学用語に採択したのであるが、ハイデガーはその採択の仕方に、古代ギリシア哲学に特有の〈存在了解〉がうかがわれると言うのである。というのも、特にそうした意味をもつ日常語を選んで〈存在〉を指す専門用語として使ったということは、プラトンやアリストテレスが、家や財産のもつ〈被制作性〉にもとづいて存在者にそなわるようになった使用可能性、ないしそうした使用可能性をともなった眼前存在性つまり現前性〉を存在者の基本的あり方と見ていたからにちがいない、と言うのである。

ハイデガーは、『存在と時間』や『根本問題』やそれ以外の講義や著作においても、西洋の伝統的存在論を貫く存在概念を規定するにあたって、時折〈現前性(Anwesenheit《アンウエーゼンハイト》)〉という言葉を持ち出す。つまり、伝統的存在論の根底には〈存在＝現前性〉という存在概念が据えられている、といった言い方をするのである。この〈存在＝現前性〉と、これまで繰りかえし出てきた〈存在＝被制作性〉との関係について彼は、『根本問題』において以外立ち入った説明をしていないが、いまやその関係は明らかである。〈現前性〉とは、〈制作され終わり、一定の形《エイドス》のうちに収まって、それ自体で自立して存在し、いつでも使用可能な状態で眼の前に現前している〉ということであり、〈被制作性〉と〈現前性〉は同じ事態を指しているのである。

ハイデガーは〈Anwesenheit《アンウエーゼンハイト》〉というドイツ語を、ギリシア語の〈ousia《ウーシア》〉の訳語として使っているのであるが、これにはこういうわけがある。つまり、〈Anwesen《アンウエーゼン》〉というドイツ語も、やはり〈存在する〉という意味の動詞〈sein《ザイン》〉の過去分詞形〈gewesen《ゲウエーゼン》〉に由来し、しかも日常語では〈家屋敷・財産〉という意味で使われる。ギリシア語の〈ousia《ウーシア》〉と実によく似た性格の言葉なのである。そこで、これに抽象名詞の語尾をつけて〈Anwesenheit《アンウエーゼンハイト》〉という言葉を造り、これを〈ousia《ウーシア》〉の訳語に当てているのである。

六 〈現前性としての存在〉のテンポラリテート

結局のところ、『存在と時間』第二部でおこなわれるはずだった伝統的存在論の解体作業の狙いはどこにあったのか。これはきわめてはっきりしている。カントからデカルトへ、デカルトから中世のスコラ哲学へ、さらにプラトン／アリストテレスの古代ギリシア哲学へと遡行していき、そこに一貫して――ということは、西洋哲学の開始から近代にいたるまで一貫して、ということになるわけだが――〈存在＝現前性＝被制作性〉と見る特定の存在概念が、さまざまに歪曲され変様されながらも、承け継がれているということ、言いかえれば、西洋哲学はこうした特定の存在概念を基底として成立したものらしいということを確認しようとしているのである。

当初立てられていたプログラムでは、『存在と時間』の第二部は――ということは、『存在と時間』の全体が――この確認で幕を閉じられることになっている。だが、こんなところで話を打ち切られたのでは、読まされる方が消化不良を起こしてしまう。ハイデガーがこのあたりどんなふうに話を組み立てるつもりだったのか見当がつかないが、いまの確認をした上で、もう一度話をテンポラリテートの問題にもどして、ちゃんと落ちをつけてもらわなければ困る。おそらくそんなふうに進行するはずだったのであろう。

そこで、本書第二章の末尾のあたりで問題になったことをもう一度思い出していただきたいのだが、ハイデガーが『根本問題』第二部第一章でテンポラリテートの概念を解明するにあたってモデルにしていたのは、用具的存在者との交渉、つまり現前作用であった。彼はそこで、この現前作用にあっては、そこで出会われるものの存在がプレゼンツへ企投され、その存在は〈現前性〉として了解されると述べていた。ところで、現前作用は非本来的時間性の脱自態の一つである(七三ページ参照)。この非本来的時間性にあっては、三つの脱自態の結びつきが弛緩し、〈現前作用〉だけが突出してくる。つまり、そこでは、将来は〈まだない〉ものの漠然とした〈期待〉として、既在は〈もうない〉ものの〈忘却〉として時間化され、それだけが〈ある〉ものだとされる眼前の事物を〈現前〉させる現在だけが優位を占め、突出してくるのである(SZ 426-427)。「現在が非本来的になればなるほど」、「現前がそれとして独立する」ようになり、それに応じて「特定の存在可能が蔽塞され」、それだけ「おのれの被投性に立ち帰ることも難しくなる」(SZ 347)などとも言われていた。こうして、非本来的時間性を地平として生起する存在了解においては、存在が〈現前性〉として了解されることになるのであるが、ハイデガーはこうした存在了解を、「平均的存在了解」(SZ 8)、「通俗的存在了解」(SZ 389)、「頽落的存在了解」(SZ 308)などと呼んでいる。「頽落的」と言われているのは、非本来的なあり方をしている現存在が世界に頽落し、眼前の世界内部的存在者との交渉に没頭している、そうした現存在において生起する存在了解だからである。

ということは、西洋哲学の全体は、こうした非本来的な時間性を地平として生起する通俗的存在了解に由来する存在概念を基底として形成されてきた、ということである。いや、それどころか、ハイデガーは、少なくとも西洋近代に関しては、こうした存在概念を基底にして文化形成がおこなわれてきたのであり、その文化のゆきづまりも、結局はこの存在概念に起因するとさえ考えているらしい。その西洋文化のゆきづまりを打開するには、あるいは文化形成の方向を転換するには、新たな存在概念を「構成」(本書八八ページ参照)するしかないと彼が考えたであろうとも容易に推測しうる。一四一ページの引用文で、解体作業に「積極的な狙い」があると言われていたのも、新たな存在概念のこの「構成」を念頭に置いてのことであろう。

もともと彼が、プラトン／アリストテレス以来の伝統的存在論は〈存在＝現前性＝被制作性〉という特定の存在概念を基底に据えてきたと主張するとき——ということは、すでに『存在と時間』の四年前、「ナトルプ報告」を書いたあのころから――彼の念頭にはそれとは異なる存在概念があったはずである。それに照らして、伝統的存在論の存在概念を――ということは、同時に西洋哲学の総体を、ということになるのだが――相対化しようと考えていたにちがいない。それはいったいいかなる存在概念であろうか。

ハイデガーはしばしば存在了解という言葉に、「ある特定の存在了解」とか、先ほどふれたように「平均的存在了解」「通俗的存在了解」「頽落的存在了解」といった限定の形容詞を付ける。ということは、そうではない存在了解もありうるということである。『シェリング講義』などにおいても、多少違った文脈でだが、「いっそう根源的な存在了解」(一〇八ページ)といった言い方をしている。となれば、まず思いつくのは、本来的時間性を地平としておこなわれる存在了解である。この存在了解からは、〈存在=現前性〉という存在概念とはまったく違った存在概念が得られるはずであろう。だが、これについては、『存在と時間』の序論第五節においても、『根本問題』第二部第一章においても、まったく言及されていない。以前に(一二六ページ)、『根本問題』の第二一節「テンポラリテートと存在」を問題にしたとき、この節でのハイデガーの語り口には妙なところがあり、故意に話を途中で打ち切ってしまっているように思われると言ったが、それはこのことである。つまり、そこでは当面用具的存在者との交渉、言いかえれば〈現前作用〉をモデルにしてテンポラリテートの概念の解明がおこなわれた。いわば非本来的時間性を地平にしておこなわれる存在了解に即してテンポラリテートの概念の解明がおこなわれたのであり、当然次には、本来的時間性を地平にしておこなわれる存在了解へと話が進められなければならないところなのに、その直前で突然講義が中断されているのである。したがって、ここから先は推測するしかない。といっても、一九三〇年代後半の講義録を読み合わせれば簡単に答えが見つかるのだから、けっしていいかげんな臆測というわけではない。

七 もう一つの存在概念

すでに繰りかえし見たように、将来・既在・現在という三つの脱自態の結びつきが弛緩し、現在だけが突出している非本来的時間性を地平にしておこなわれる存在了解においては、存在は〈現前性〉として、つまり〈ある〉とは〈眼の前にある〉こととして了解される、ということだった。とすれば、これら三つの脱自態が緊密に連関し、しかも将来が圧倒的な優位に立つ本来的時間性を地平にしておこなわれる存在了解においては、存在はどのようなものとして了解されるのであろうか。〈生成(Werden《ウェルデン》)〉としてである。〈存在＝生成〉、つまり〈ある〉ということは〈なる〉ことだと見る存在概念が、ハイデガーの念頭にあったもう一つの存在概念であることは、一九三〇年代後半の講義録、たとえば『形而上学入門』(一九三五年夏学期)や『ニーチェ』講義などに照らせば明白である。

そして、このときハイデガーがいわゆる〈ソクラテス以前の思想家たち(Vorsokratiker《フォアゾクラティカー》)〉の存在概念、つまり彼らの〈自然《フュシス》〉の概念を思い浮かべていたであろうことも推測に難くない。むろんすべて散佚してしまったが、アナクシマンドロスやヘラクレイトスといったソクラテス以前のこの思想家たちが一様に『自然《フュシス》について』という表題で本を書いたという伝承がある。彼らの思索がもっぱら〈自然《フュシス》〉に向けられていたことは明らかである。ギリシア語の〈physis《フュシス》〉はラテン語では〈natura《ナトゥーラ》〉と訳され、これが英語の〈nature〉、ドイツ語の〈Natur《ナトゥーア》〉などにそのまま引き継がれている。日本語ではこれらの近代語に〈自然〉という訳語を当てているから、ギリシア語の〈physis《フュシス》〉も〈自然〉と訳してかまわないであろうが、問題はそこで何が考えられているかにある。(2)

日本語の〈自然〉をもふくめて、これら一連の言葉には二通りの用法がある。一つは、〈自然科学と社会科学〉といった言い方に典型的に見られるような、〈自然〉を対《つい》概念の一方の項に据える用法である。〈自然と社会〉〈自然と精神〉〈自然と文化〉〈自然と芸術〉等々、こうした対概念はいくらでもつくることができる。中世には、〈自然《ナトウーラ》と恩寵《グラーティア》〉という対概念が存在者の領域を分けるための決定的な基準であった。つまり、存在者の全体が〈自然《ナトウーラ》によって存在するもの〉と〈神の恩寵《グラーティア》によって存在するもの〉とに区分されたのである。こうした用法は古代ギリシアにまで遡って見られ、そこでも、〈自然《フュシス》によって存在するもの〉と〈技術《テクネー》によって存在するもの〉が対置されたり、言語は〈自然《フュシス》によって存在するもの〉なのか〈人為的定め《ノモス》によって存在するもの〉なのかが議論されたりしている。こんなふうに対概念の一方の項に据えられるばあいの〈自然《フュシス》〉は、存在者全体のうちの限られた特定領域を指している。すでにアリストテレスが、ソクラテス以前の思想家たちの言う〈自然《フュシス》〉をこの意味に解して、彼らはもっぱらそうした外的物質的自然の基本的構成要素が何であるか、水であるか火であるか地水火風の四元であるかを問い、いわば幼稚な自然科学的研究に従事したのだという俗説をつくった。

だが、〈physis《フュシス》〉〈natura《ナトウーラ》〉〈nature〉〈自然〉といった言葉には、もう一つ別の用法がある。英語を例にとるなら、この言葉には〈nature and history〉という用法のほかに、〈nature of history〉という用法があるが、このばあいの〈nature〉は存在者の特定領域を指すのではなく、すべての存在者の〈原理〉とか〈真のあり方〉を意味しており、われわれは通常〈歴史の本性〉といったふうに訳している。ルクレティウスの著作の表題『物の本性について《デー・レールム・ナトゥーラー》』で言われる〈natura《ナトゥーラ》〉も同様である。日本語でも、「そう考える方が自然だよ」といった言い方をするばあいの〈自然〉も、ものごとの自《おのず》からあるありさま、つまり〈本性〉とか〈本来あるあり方〉を意味している。当然、ギリシア語の〈フュシス〉にもこの用法はある。というより、むしろこの用法の方が古く、もともとの用法だということを言語学が教えている。

ソクラテス以前の思想家たちが思いを凝らした〈自然《フュシス》〉も、けっして今日の自然科学が研究対象にしているような物質的自然などではなく、どうやらすべての存在者の〈本性〉、その〈真のあり方〉だったようである。彼らのもとでは、〈自然〉は〈万物《タ・パンタ》〉という言葉と置き換え可能な言葉だったというから、そうした真のあり方をしている存在者の全体をも意味していたことになる。そこには、人間も人間の社会も、人間的諸事象も、さらには神々さえもふくまれていた。そうしたすべての存在者の真のあり方に彼らは思いを凝らしていたのであろう。

しかも、彼らがその〈真のあり方〉をどのように見ていたかを知る手がかりも、この〈自然《フュシス》〉という言葉にはある。というのも、この〈physis《フュシス》〉という名詞は、〈生える〉〈なる〉

〈生成する〉といった、いわば植物的生成の動きを示す動詞〈phyesthai《フュエスタイ》〉から派生したものだからである。彼らにとって、万物は、おのれのうちに内蔵している運動の原理――これも〈自然《フュシス》〉と呼ばれた――によっておのずから生成してきた（そして消滅していく）ものなのであり、〈ある〉ということは〈なる〉ことだった、と見てよい。

一九三〇年代半ばになってからの『ニーチェ』講義においてではあるが、ハイデガーはこの〈フュシス〉についてこう言っている。

フュシスとはギリシア人にとって存在者そのものと存在者の全体とを名指す最初の本質的な名称である。ギリシア人にとって存在者とは、おのずから無為にして萌えあがり現われ出てき、またおのれへと還帰し消え去っていくもの、そのように現われ出てきてはまたおのれへと還帰していきながら場を占めているものなのである。（『ニーチェ』I、一一七ページ）

これは別に特異な考え方ではない。『古事記』の古層に見られるような古代の日本人の考え方に近いところがある。われわれの祖先にとっても、万物は「葦牙《あしかび》の萌《も》え騰《あが》るが如く成る」ものであり、その生成の原理が〈ムスヒ〉と呼ばれていた。これは〈苔ムス・草ムス〉などと言われるときの〈ムス〉、やはり植物的生成の動きを示す動詞〈ムス〉と原理を表わす〈ヒ〉が結びつけられた言葉であり、「高御産霊神《たかみむすひのかみ》」といった神名にふくまれている。〈ムスヒ〉は、まさしく〈フュシス〉に当たる生成の原理を言うのであろう。[3] いずれも、農耕民族がそれこそ自然にいだくアニミスティックな自然観の洗練されたものと考えれば、古代ギリシア民族と古代の日本人が似た考え方をしたからといって不思議でもない。

ハイデガーが、プラトン／アリストテレス以来の〈存在＝現前性＝被制作性〉という存在概念に対置したもう一つの存在概念、〈存在＝生成〉という存在概念の〈生成〉ということで具体的に考えていたのは、ギリシア語の〈フュシス〉ないし〈フュエスタイ〉だと見てよいであろう。彼は、ソクラテス以前の思想家たちをまでふくめた壮大な視野のうちにプラトン／アリストテレス以来の〈西洋哲学〉を据え、それを相対化しようとしていたのである。そう考えなければ、彼が「ナトルプ報告」以来、アリストテレスにとって「ある《ザイン》ということとは作られてある《ヘアゲシュテルトザイン》」だと、あれほど執拗に繰りかえした意味が分からなくなる。

では、そうした壮大な視野を、ハイデガーはいったいどこから手に入れてきたのか。ニーチェからであることは疑いない。

八　ニーチェとハイデガー

ニーチェ(一八四四—一九〇〇)がその学問的経歴を古典文献学者としてはじめた、といったことについてはあらためてふれるまでもあるまい。古典文献学《フィロロギー》というのは、古代ギリシア・ローマの文献を、主として言語学的側面から研究する学問であるが、この古典文献学徒としてすぐれた能力を発揮したニーチェは、一八六九年、まだ大学を卒業する前にスイスのバーゼル大学に助教授として招かれた。まだ二五歳の誕生日を迎える前のことであり、これは当時としても異例のことであったらしい。

古典文献学者としてのニーチェの専攻領域は、彼が言うところの「ギリシア悲劇時代」、つまり通常「ギリシア悲劇」と呼ばれている芸術様式の成立してくる時代であった。この悲劇の成立史についての研究が、やがて処女作『悲劇の誕生』(一八七二年)に結実するのであるが、ニーチェはこれと平行して〈ソクラテス以前の思想家たち〉についての研究も進めていた。悲劇の成立期は、まさしくソクラテス以前の思想家たちの活躍した時代でもあったのである。ニーチェはバーゼル大学でこの思想家たち(ニーチェは「プラトン以前《フォアプラトーニッシュ》」と呼んでいるが）についての講義もおこなっており、その研究成果を「ギリシア悲劇時代の哲学」という表題で本にするつもりであったらしい（その未完成の原稿が、同じ表題で『全集』に収録されている）。

『悲劇の誕生』が古代ギリシア文化についての当時の通念を打ち破る革命的なものであり、そのため結局ニーチェはヨーロッパの古典文献学界を追われ、在野の哲学者として生きることになったのだが、〈ソクラテス以前の思想家たち〉についての彼の見解も、アリストテレス以来の俗説を打破し、この思想家たちにまったく新しい光を当てるものであった。『ギリシア悲劇時代の哲学』は、結局未完に終わったが、ソクラテス以前の思想家たちの断章から読みとられる彼らの自然観に照らして、プラトン以降の自然観とそれにもとづく「哲学」、つまりニーチェのいわゆる「プラトニズム」を批判しようというその見方は、彼の著作の随所に見られる。殊に一八八〇年代に入って、永いあいだ受けつづけていたショーペンハウアーとリヒャルト・ワーグナーの強烈な影響を脱し、「一個の自立せる思想家としての自覚」に達して彼独自の思索、彼の言う「私の〈哲学〉《マイネ・フィロゾフィ》」を展開するころ、この見方が形を変えて現われてくる。

一八八五年ごろからニーチェは、「哲学的主著《フィロゾーフィッシエ・ハウプトシュリフト》」の計画を立てその構想を練るが、その構想がもっとも熟した時期に、この本に「力への意志」という表題を予定した。彼はすべての存在者の根本性格を〈力への意志〉に見たのである。〈力への意志〉とは〈生《レーベン》〉の別名である。ニーチェ自身、「およそ生あるものは、何をおいてもまず、みずからの力を発現しようと欲するものだ――生そのものが力への意志なのだ」(『善悪の彼岸』白水社版『全集』第II期第二巻、三四ページ)と言っている。では、なぜ彼はそのまま〈生《レーベン》〉と言わなかったのか。ハイデガーは『ニーチェ』講義でこう推測している。当時〈生《レーベン》〉と聞けば、誰でもがショーペンハウアーの『意志と表象としての世界』の〈意志〉の概念を思い浮かべるものだった。ショーペンハウアーにとって意志とは、まったく無方向な生命衝動にすぎない。ニーチェも『悲劇の誕生』の時代には、ショーペンハウアーのこの〈意志〉の概念を承け継いで〈ディオニュソス的なもの〉という概念を形成している。だが、そのショーペンハウアーの影響を脱して「一個の自立せる思想家としての自覚」に達した一八八〇年代には、ニーチェは〈生《レーベン》〉について、それまでとは違った考え方をするようになる。一八八二年にヘッケルの『ゲーテ、ラマルク、ダーウィンの自然観』を読んで、ダーウィニズム、というよりは進化論にふれたこともその一因であったろう。彼にとって〈生《レーベン》〉は、もはや無方向な生命衝動などではなく、はっきりした方向をもって、つねに現にあるよりも「より大きくより強くなろうと意志する」(4)、ある意味では「計算高い」(5)ものなのである。

彼はこの新たな〈生《レーベン》〉の概念を表わすために〈力への意志(Wille zur Macht《ウィレ・ツア・マハト》)〉という名称を選んだ。彼にとっては、〈力〉も〈意志〉も〈生《レーベン》〉の発現形態にほかならないが、たとえば〈力〉にしても、つねにより強い力となりつづけるかぎりでのみ力たりうる。政治権力を考えてみても、つねにその力を拡張しつづけるかぎりでのみ権力たりうるのであり、現状維持に甘んじるようになったら没落のはじまりである。〈意志〉も、つねにより強くより大きくなろうと意志してはじめて意志なのであって、より弱くより小さくなろうとする意志などありえない。とすれば、〈力への力〉〈意志への意志〉と言ってはじめて、力や意志のそうしたダイナミックな特質を捉えることができるであろう。ニーチェは〈生《レーベン》〉そのもののそうした構造的特質を言い表わすために、これらの言葉を適当に組み合わせて〈力への意志〉という言葉をつくったのであろう。

しかし、そのときニーチェの念頭にあったのは、あの〈ソクラテス以前の思想家たち〉の〈自然《フュシス》〉の概念であったにちがいない。すべてのものが生きて生成すると見ていたギリシア早期のあの自然観を復権することによって、自然を制作のための死せる材料としか見なくなったプラトン以降の物質的自然観と、その上に構築されてきた西洋文化の総体を批判し乗り越えようというのが、ニーチェの哲学的主著『力への意志』の基本的構想であった。

存在をphysis《フュシス》とする始原の思索は、近代の極度の形而上学的根本態度を通過した上で、ニーチェのこの存在解釈においてその完成に達する。力への意志の思想において、萌え出ずること《アウフゲーエン》と現われ出ること《エアシャイネン》、生成すること《ウェルデン》と現前していること《アンウェーゼン》とが、最初の始原的な意味どおりの〈存在〉の現成《ウェーゼン》の統一へまで遡って思索されているのである。(『ニーチェ』II、二二九ページ)

だが、この「哲学的主著」は、一八八九年一月三日に、当時イタリアのトリノに滞在していたニーチェを襲った狂気によってその完成を妨げられる。そして、遺された断片的な草稿が、ニーチェの歿後、妹のエリーザベト・フェルスター＝ニーチェと年少の友人ペーター・ガストの手で編纂され、『力への意志』という表題のもとに、まず一九〇一年に、次いで大幅に増補改訂されて一九〇六年に、さらに一九一一年には補巻をくわえて出版された。もっとも、今日では、反ユダヤ主義者であった夫のベルンハルト・フェルスターの思想的影響を強く受けていたエリーザベトの編集方針や編集手続きに疑義がさしはさまれ、彼女の作った遺著『力への意志』はまったく無視されるようになっている。といっても、むろん当時としてはこれ以外に頼る材料はなかったわけであるから、ハイデガーもこの『力への意志』を青年時代から愛読している。彼は後年、学生時代の読書体験を回想してこう言っている。

一九〇八年に、私はいまでも持っているレクラム文庫の一冊の詩集によって、ヘルダーリンへの道をみつけた。……一九一〇年から一四年までの間の心をかきたてる歳月がもたらしたものについては、とうてい語りつくすことはできない。ただそのうちのいくつかを選んで名前を挙げるので、そこからご想像いただきたい。ニーチェの『力への意志』の倍ほどに増補された第二版、キルケゴールとドストエフスキーの著作の翻訳、ヘーゲルとシェリングへの関心の目覚め、リルケとトラークルの詩、ディルタイの『全集』などである。（オットー・ペゲラー『マルティン・ハイデガーの思索の道』一九六三年、二五ページに引用されている「ハイデルベルク講演」による）

『ニーチェ』講義でのニーチェ最後期の思想のみごとな再構成の作業からも、ハイデガーがこの『力への意志』をいかに精読したかはうかがい知ることができる。

もっとも、ハイデガーがその『ニーチェ』講義を開始するのは一九三六年からであるし、オットー・ペゲラーなども、ハイデガーの思索にとってニーチェが「決定的」になるのは一九二九年の冬ごろからだと言っているが(オットー・ペゲラー『ハイデガーにおける哲学と政治』一九七二年、二五ページ)、私はもっと早くからだと思う。そう思う証拠も挙げたことがあるが、ここでは繰りかえさない(拙著『ハイデガー』岩波20世紀思想家文庫、一八三ページ以下参照)。おそらくハイデガーは、青年時代から、一方でアリストテレスのテキストをそれこそ舐めるように読みながら、他方でニーチェの遺稿を読みつづけていたのではなかろうか。一連の『ニーチェ』講義でのあのみごとな読解が、そう一朝一夕にできるとは思えないし、とっておきのネタを持ち出すまでの彼の慎重さからしても、そうとしか思われない。少なくとも彼は、「ナトルプ報告」を書いた時点では、ソクラテス以前の思想家たちをも収めた壮大なパースペクティヴをすでにニーチェから相続し、そこにアリストテレスを据えて、その存在概念を相対化して見ているのである。

そんなことを言ったって、『存在と時間』の既刊部に出てくるのはキルケゴールゆずりの概念ばかりで、ニーチェなど影も形も見えないじゃないかと反論する向きがあるかもしれないが、これには、もし未刊部が書き継がれていたら、あるいはそちらはニーチェづくしといったことになっていたかもしれないではないかと答えておきたい。そのくらいの芸当はやってみせる人である。そうでなくとも、ユクスキュルやシェーラーの例からも分かるように、本当のネタはなかなか見せない人である。『ニーチェ』講義にしても、十分すぎるほどの準備をして、満を持して開始したという感じがする。

九　自由な企投

こうしてハイデガーの念頭には、〈存在＝現前性＝被投性〉と〈存在＝生成＝自然〉という、少なくとも二つの存在概念があったことになる。そして、この時点での彼の考えでは、この二つは切り換え可能である。つまり彼は、さしあたりたいていのばあい日常的に、ということは非本来的に生きている現存在がおのれを本来性に立ちかえらせ、本来的時間性を地平とする存在了解をもとに新たな存在概念を「構成する」ことが可能だと考えていたのである。第一章での私の言葉づかいに即して言いかえれば、存在了解、つまり存在という視点の設定は生物学的に一義的に決定されているものではなく、ある程度現存在の〈自由〉

にゆだねられ、選択の余地があると考えられていた、ということになる。

この時代ハイデガーは、一九二七年夏学期の『根本問題』においても、一九二八年夏学期の『論理学の形而上学的基礎』においても、一九二九年の論文『根拠の本質について』においても、しきりに〈自由〉を問題にしているが、それもこの問題に関連がありそうである。たとえば、『根本問題』の「序論」で、〈現象学的還元・構成・解体〉といった方法論を話題にしているところで、彼はこんな言い方をしている。少し前の方から引用する。

しかし、視線を存在者から存在へと引きもどす現象学的還元は、現象学的方法の唯一の構成分ではないし、それどころか中心的な構成分でさえない。というのも、視線をこのように存在者から存在へと引きもどすことは、同時に存在そのものへ積極的に赴くことを必要とするからである。ただ視線をそらせることは消極的な方法的操作でしかなく、これにはある積極的な方法的操作による補完が必要なだけではなく、存在へのあからさまな嚮導、つまり先導が必要である。存在は、存在者に近づくように近づけるものではないし、われわれは存在を簡単に眼前に見いだすことはなく、存在は……そのつどある自由な企投のうちで見てとられねばならないのである。眼の前に与えられている存在者をその存在へ、そしてその存在の構造へとこのように企投することを、われわれは現象学的構成(phänomenologishe Konstruktion)《フェノメノローギッシェ・コンストルクツィオン》と呼ぶ。(GP 29–30)

ここで言われている「自由な企投」や「構成」が先ほど私の言った新たな存在概念の構成とそのまま重なるわけではなさそうだが、その可能性をもふくみにして言われているように思われる。『根拠の本質について』でも、こう言われている。

> 自由によってのみ、現存在は一つの世界が存立し、世界として生起するようにさせることができるのである。世界は存在するのではなく、世界として生起するのである。
> (W 164)

存在という視点の設定は、ある範囲内で自由にゆだねられている。その視点の設定の仕方によって、その視点のもとに見られる存在者全体のあり方が変わってくる。〈存在＝現前性＝被制作性〉という視点のもとに見られれば、存在者の全体が作られたもの、あるいは作られうるものとして見えてくるであろうし、自然も死せる物質として見えてくる。

〈存在＝生成＝自然〉という視点のもとに見られれば、存在者のすべてが生きて生成するものとして見えてくる、というわけであろう。同じことだが、世界の世界としての組織のされ方も変わり、つまりは文化形成の仕方も変わってくることになろう。むろん一人や二人の人間が本来性に立ちかえり、その存在了解を変えたからといって、どうなるものでもない。だが、なにかの加減で一つの〈民族〉全体がそうするとなると話は変わってくるにちがいない。『存在と時間』の第一部第二篇第五章「時間性と歴史性」で、ハイデガーが「共同体つまり民族の出来事《ゲシェーエン》」としての「共同的運命《ゲシック》」といったことを言い出すとき、彼はそんなことを考えていたのかもしれないし、数年後彼がナチスに加担したのも、ナチスの文化理念に自分の考えていた文化革命の夢を托してみるという気持があったからのような気がする。『存在と時間』の存在論的思索にはかなりとんでもないことになる可能性が秘められていたことになる。

終章　『存在と時間』以後

一　挫折の理由

では、なぜ『存在と時間』は挫折したのか。彼はすでに上巻を刊行した時点で、続稿を断念していた節がある。明らかに『存在と時間』の全面的な書き直しと思われる講義『現象学の根本問題』を直後に開始しているからである。

だが、この時点では彼は、前にも述べたように、話の組み立て方がまずかったと思ったようである。発想の順序と逆に話を組み立てたために第一部第三篇に話が繋げなくなったので、『根本問題』では発想の順序どおりに話を展開しようとした、ということについてはすでに述べたが、事象的《ザッハリッヒ》にも構成を逆転すべきだと考えたのかもしれない。それは、こういうことである。『存在と時間』においては、まずテンポラリテートの問題が解明され、私の推測が当たっているなら、新たな存在概念が「構成」された上で、それに照らして伝統的存在論の「解体」がおこなわれるはずであった。ところが、『根本問題』では、まず伝統的存在論の「解体」がおこなわれ、その存在概念が検討された上で、テンポラリテートの問題が提起され、新たな存在概念の「構成」が企てられる予定だった。こうした逆転がおこなわれたのは、思うに『存在と時間』においてのように、伝統的な存在概念と当面無関係に、ひたすら人間存在の存在構造に即して新たな存在概念の構成を試みるより、『根本問題』においてのように、伝統的存在概念を「それが汲みとられてきた源泉にまで解体し」、その根源性を検討した上で、もっと根源的存在概念の構成をおこなうという手順の方がいっそう説得的だと思われたからではあるまいか。

だが、『根本問題』の講義も中断されてしまった。講義の進行中に、問題は話の組み立て方といった皮相なところにあるのではなく、もっと奥深いところにあることに、ハイデガー自身気づいたからにちがいない。それは何か。おそらく『存在と時間』のもっとも中心的な概念である、〈存在了解〉ないし〈存在企投〉という概念であろう。

前にも述べたように、〈存在企投〉、存在という視点の設定といっても、もともとこれは、たしかに現存在のもとで起こりはするが、現存在がしたりしなかったりできるようなものではない。気がついたらすでにその視点に立って出会うすべてのものを〈ありとしあらゆるもの〉として見ていた、といったものである。ハイデガーもすでにこの時代から、一方では「存在了解に基づいてのみ実存は可能である」(『カントと形而上学の問題』第四一節)といったふうに、存在了解のその根源性を認めてはいる。だが、他方で彼は、存在了解は〈自由な企投〉であり、ある程度現存在の自由にゆだねられており、現存在がおのれ自身のあり方を変えることによって切り換えることのできるものだと考えている。そう考えることによって彼は、人間中心主義的な近代ヨーロッパ文化を克服し、文化形成の新たな方向を切り拓くことができると思ったにちがいない。しかし、人間がおのれのあり方を変えることによってというのは、あくまで人間が主導権をにぎってということである。とすれば、彼が企てていたのは、人間中心主義的な文化の克服をきわめて人間中心主義的なやり方で遂行するということだったことになる。あるいは、近代主義的なやり方で近代主義の克服をはかること、と言ってもよい。おそらくハイデガーは、自分自身の企てにひそむこうしたぬきさしならない自家撞着に気づいて、『存在と時間』の続稿を断念したのであろう。

その証拠に、一九三〇年代に入ると彼は、〈存在了解〉という概念を放棄し、〈存在の生起(Seinsgeschehen《ザインスゲシェーエン》ないし Seinsgeschehenis《ザインスゲシェーエニス》)〉と言うようになる。存在という視点の設定という出来事は、たしかに現存在のもとで起こるにはちがいないが、けっして現存在がおこなっているわけではなく、むしろその時どきの〈存在の生起〉の仕方によって現存在のあり方が規定される、と考えるようになるのである。そうなれば、人間がおのれの生き方を変えることによって存在の意味を変えることなどできるわけはなく、むしろ存在という視点が設定されるそのつどの仕方に応じて、人間のあり方が変えられるということになる。

かつて〈存在了解〉についても、それが歴史的に可変的であると考えられ、「存在了解の歴史性」(たとえばML 197)ということが言われていたが、〈存在の生起〉についても同じ歴史的可変性が主張される。今度は〈存在の生起《ザインスゲシエーエン》〉の歴史《ゲシヒテ》〉と言われなければならないところだが、〈Geschehen《ゲシエーエン》〉がそのまま〈Geschichte《ゲシヒテ》〉に転化するので、それをハイデガーは簡単に〈存在史《ザインスゲシヒテ》〉と呼ぶ。その変化はもはや現存在によって惹き起こされるものではなく、現存在はただ待つしかないことになる。

ハイデガー自身も認めている彼の思索の〈転回《ケーレ》〉、いわゆる前期から後期への思索の転回が考えられるとすれば、それはこういうかたちでの転回であろう。全集版の『形而上学入門』(第四〇巻)の付録の一節(二一九ページ)に、「存在了解から存在の生起へ!」というモットーがイタリックで強調されて掲げられているが、これこそ前期から後期へのその思索の転回をみずから指標したものであろう。「序章」で引用した『ヒューマニズム書簡』の一節(本書二二―二三ページ参照)もここに結びつく。

二　自然的思考と形而上学的思考

この〈転回《ケーレ》〉とともに、重要な概念のいくつかに変更がくわえられる。たとえば「形而上学」という概念である。『存在と時間』では、この言葉はハイデガー自身の用語としては一度も使われていないが、同じ思想圏に属すると見てよい一九二八年夏学期の講義『論理学の形而上学的基礎』や一九二九年の著作『形而上学とは何か』『カントと形而上学の問題』などでは、それぞれ表題にも現われ、きわめて重要な役割を果たしている。このあたりでは〈存在了解〉こそ「現存在そのもののうちに存する metaphysica《メタフュシカ》 naturalis《ナトゥラーリス》(自然的形而上学)」であり、基礎存在論の課題は、これに「おのれを変える可能性」を与えてやることだと言われたりしている(ML 197)。

当時認識論中心の新カント派の凋落のあとを受けて一般に謳われていた〈形而上学の復興〉とははっきり一線を画してのことであろうが、ハイデガーも〈存在への問い〉を反復するという彼なりの意味で〈形而上学〉の復権を考えていたのであろう。だが、いわゆる〈転回《ケーレ》〉のあとは〈形而上学〉に対して否定的になる。『存在と時間』で「伝統的存在論」と呼んでいたもの、ニーチェが「プラトニズム」と呼んでいたもの、つまりは「西洋哲学」――のちに見るようにハイデガーは「西洋‐哲学」と言うのは同語反復だと言うが――の総体を〈形而上学〉と呼び、その克服を企てるようになるのである。ずっとあとになってからのことだが、「哲学の終焉と思索の使命」（一九六六年、論文集『思索という事象へ』所収）のなかでハイデガーは、「哲学とは形而上学である」と規定した上で、次のように述べている。

> 哲学の歴史全体を通じて、プラトンの思考が形を変えながら支配しつづけている。形而上学とはプラトニズムのことである。ニーチェは自分の哲学を転倒されたプラトニズムと呼ぶ。すでにマルクスによって遂行された形而上学の逆転によって、哲学は極限の可能性にいきついた。哲学はその終極に達したのである。（六三ページ）

このあたり、これまで説明不足なままに話を進めた箇所を補足する意味もあるので、少し敷衍しておく必要がありそうである。

第三章（一六七ページ）で、「ハイデガーはここではアリストテレスのこの区別や、この区別の起源には直接言及せず、〈essentia《エッセンティア》〉と〈existentia《エクシステンティア》〉のそれぞれについて、古代存在論にまでその由来をたどり……」と書いたが、たしかにハイデガーは『存在と時間』や『根本問題』において、この区別を繰りかえし問題にしながら、その起源にはいっさい言及しようとしていない。『カントと形而上学の問題』においても(第四〇節)、次のように言うだけである。

こうして、どんな存在者にも、〈何であるか《ヴァス・ザイン》〉と〈あること《ダス・ザイン》〉、本質存在《エッセンティア》と事実存在《エクシステンティア》、可能性と現実性が〈存して〉いる。ここで、それぞれの〈ある〉は同じことを意味しているのであろうか。もしそうでないとしたら、存在が〈何であるか〉と〈あること〉とに分岐するのは、何によるのだろうか。あまりにも自明なものとしてかき集められた——本質存在《エッセンティア》と事実存在《エクシステンティア》との——この区別は、犬もいれば猫もいるというのと同じようなぐあいにあるものなのだろうか。それとも、ここにこそ一つの問題があり、その問題は最後に提起されねばならない問題であり、存在そのものとは何かが問われるときにのみあからさまに提起されうる問題なのではなかろうか。

本質存在《エッセンティア》と事実存在《エクシステンティア》とへの存在のこの分岐を、ハイデガーがこんなにもったいぶって問題にし、しかもその答えを出し惜しみしていたのは、当時の彼の考えでは、ここにこそ〈哲学〉の秘密があると思われたかららしい。一九三〇年代後半以降は、あっさりその答えを出してみせるのだが、それは次のようなことである。

ソクラテス以前の思想家たちのいわば〈自然的思考《フュシス》〉にあっては、〈アル〉ということは「単純な」事態(『形而上学入門』二九五ページ)であり、「稀有な豊かさを秘めた単純なもの」(『ニーチェ』II、五二五ページ)である。それが、制作的振舞いに定位したプラトン/アリストテレスの思索において〈デアル(本質存在《エッセンティア》)〉と〈ガアル(事実存在《エクシステンティア》)〉とに分岐し、それと共に〈哲学〉がはじまった、とハイデガーは考えているのである。

古くから形而上学は、ある存在者が何であるかということと、その存在者が存在する、あるいは存在しないという事実とを区別している。(N II 400)

ここでの「形而上学」は当面そのまま「哲学」と読みかえておいていただきたい。

存在《ザイン》が区別されて本質《ヴァス・》-存在《ザイン》と事実《ダス・》-存在《ザイン》になる。この区別の遂行とその準備ととも

に、形而上学としての存在の歴史がはじまる。(N II 401)

本質《ヴァス・ザイン》‐存在と事実《ダス・ザイン》‐存在との区別の遂行は、形而上学的思考の単なる一教程といったものではない。それは存在の歴史における一つの出来事《エルアイクニス》を示している。(N II 402)

こうして、形而上学の開始は一つの出来事だということが、つまり本質《ヴァス・ザイン》‐存在と事実《ダス・ザイン》‐存在との区別が現われてくるという意味で存在について一つの決定が下されるということになる一つの出来事だということが、明らかになる。(N II 401)

同じような文章を幾つも引いたが、右の引用文のなかで「形而上学としての存在の歴史」というわけの分からない言い方がされているのは、ここでは「形而上学」が単なる学科の名称としてではなく、先ほどふれたような意味での「存在史《ザインスゲシヒテ》」、つまり存在の生起の歴史のうちで、「形而上学的思考」が支配する一つの時代《エポック》の呼び名として使われているからである。

ハイデガーの考えでは、プラトンは人間の制作的振舞いに定位し、ということはいわば制作物をモデルにし、〈形相《エイドス》と質料《ヒュレー》〉というカテゴリーによって事物の存在構造を捉えることをはじめた。先に引用したように、アリストテレスも、プラトンは「ただ二種類の原理《アイティア》しか使わなかった。すなわち、ものの〈何であるか《ト・ティ・エスティン》〉を示すそれと、質料《ヒユレー》としてのそれとである。けだし、明らかに彼の言う〈形相《エイドス》〉とは、他のすべての事物の〈何であるか〉を示す原理であるから」と言っていた（本書一七三ページ参照）。となれば、〈質料《ヒユレー》〉がものの〈あること《ト・ホティ・エスティン》〉を示す原理であることは明らかであろうが、ものが〈何であるか《ト・ティ・エスティン》〉とそれが〈あること《ト・ホティ・エスティン》〉とをこのように概念化してみせたのはアリストテレスである。アリストテレスのこの概念が、スコラの哲学者によって〈本質存在《エッセンティア》〉と〈事実存在《エクシステンティア》〉といっそう簡明な概念にまとめられることになる。この間の事情を、ハイデガーはこんなふうに要約している。

……本質存在《エッセンティア》と事実存在《エクシステンティア》の区別とアリストテレスの思索との連関は、哲学史的に容易に確かめられる。アリストテレスにしても、プラトンの思索が存在の呼びかけに応えてこの区別を準備したそのあとを承けてはじめて、この区別を概念にもたらしたのであり、ということは同時に、この区別を本質根拠の上に据えたのである。（N II 402–403）

ここで、「プラトンの思索が存在の呼びかけに応えて」と言われているのは、この区別にしても、いわばプラトンという一人の哲学者の単なる思いつきでおこなわれたのではなく、存在そのものの一つの生起の仕方、つまり存在史の時代《エポック》を画する存在の生起の仕方に関わる一つの出来事だと言いたいからである。いずれにせよ、この区別と共に〈哲学〉が発足したのだと、ハイデガーは主張する。

では、その〈哲学〉がなぜ〈形而上学〉と呼ばれるのか。「形而上学《メタフュシカ》」という言葉が、アリストテレスの歿後二世紀、つまり紀元前一世紀ころにおこなわれた彼の講義ノートの編纂作業のなかで生まれたことは、すでによく知られていよう。アリストテレス自身が「第一哲学《プローテー・フィロソフィア》」と呼んでいた狭義の哲学についての講義のノートが、「自然学《タ・フュシカ》」のノートの後《メタ》に配列され、「自然学の後の書《タ・メタ・タ・フュシカ〔ビブーリア〕》」と呼ばれた。これがラテン語に移され、〈metaphysica《メタフュシカ》〉となったのであるが、この言葉はすでに古代末期には、そうしたもともとの意味を離れて、「超自然的なもの《メタ・フュシス》についての学（＝形而上学）」という意味に転じ、一つの学問分野の名称として使われるようになったのである。が、いまはその話とは別に、プラトン／アリストテレスにはじまる〈哲学〉がなぜ〈形而上学（超自然学）〉と呼ばれるようになったか、そのわけを考えておこう。

プラトンは、制作的振舞いに定位して事物の存在構造を考えようとしたとき、その制作において作られるべきものの先取りされた姿を〈イデア〉と呼んだ。これは、アリストテレスに言わせると、「絶えず変化する感覚的な事物」、つまり生成消滅する〈自然《フュシス》〉とは「異種の存在者《ト・ヘテロン》」であり、いわば生成消滅をまぬがれて永遠に同一にとどまるもの、〈超自然的〉な存在者なのである。

この〈イデア〉から見てとられた〈形相《エイドス》〉によって〈質料《ヒュレー》〉が構造化され造型され、ということはつまり〈形相《エイドス》〉と〈質料《ヒュレー》〉の合成体《ト・シュノロン》として個々の存在者が存在することになる。こうして、〈存在する〉ということは〈作られてある〉こと、〈存在＝被制作性〉という存在概念が形成された、ということであった。では、その制作の〈質料《ヒュレー》・材料〉になるのは何であろうか。〈自然《フュシス》〉以外には考えられない。つまり、超自然的《メタ・フュシス》なイデアを想定する〈形而上学的《メタフィジカル》〉な思考様式のもとでは、〈自然《フュシス》〉はもはや生きて生成（し消滅）する自然であることをやめ、超自然的な原理にのっとった制作の無機的な〈質料《ヒュレー》〉になってしまうのだ。この〈質料《ヒュレー》〉は〈形相《エイドス》〉によって構造化されてはじめて存在者と認められるのであり、それ自体では非存在者なのである。

イデアとしての存在こそが、いまや真に存在するものへと格上げされ、以前支配的であった存在者そのもの〔つまり自然《フュシス》〕は、プラトンが非存在者《メー・オン》と呼ぶものに零落してしまう。(『形而上学入門』三〇〇ページ)

ギリシア語の〈質料《ヒュレー》〉がラテン語では〈materia《マテーリア》〉と訳され、それがたとえば英語の〈material〉に引き継がれている。これに訳語として当てられている〈物質〉という日本語も、単なる質料(材料)としての物という意味である。〈形而上学的思考様式〉と、自然を単なる無機的な物質と見る〈物質的な自然観〉とは連動していることになる。

ハイデガーが、〈本質‐存在《ヴァス・ザイン》〉と〈事実‐存在《ダス・ザイン》〉の区別と共に〈形而上学〉としての哲学がはじまると言うときに考えているのは、このような事態である。だが、ハイデガーによれば、そのとき単にこの区別がおこなわれるだけではなく、それと同時に、超自然的なイデアに由来する〈本質‐存在《ヴァス・ザイン》〉の〈事実‐存在《ダス・ザイン》〉に対する圧倒的優位が確立される。

イデアの優位は、形相《エイドス》と協力して、〈何であるか《ティ・エスティン》〉を基準的な存在の地位につかせる。存在はまず本質‐存在《ヴァス・ザイン》ということになるのである。(N II 458)

これは、近代ヨーロッパ諸語の〈アル〉を表わす動詞の使い方を見てもそう思われる。たとえば英語の〈be〉動詞も、その本来の用法は、不完全自動詞としての〈デアル〉の用法であり、〈ガアル〉を表示するときには、〈there is ——〉といったように余計な副詞を付けなければならない。だが、それでも英語は〈be〉動詞を使うからまだいい。ドイツ語やフランス語では、〈ガアル〉のときには通常〈sein《ザイン》〉や〈être《エートル》〉は使わず、〈es gibt《エス・ギブト》 ——〉や〈il y a《イ・リ・ア》 ——〉と〈geben《ゲーベン》(与える)〉や〈avoir《アヴォワール》(持つ)〉を使う。〈本質‐存在《ヴァス・ザイン》〉の〈事実‐存在《ダス・ザイン》〉に対する優位は歴然としている。

ついでに言っておくと、先ほどもふれたようにハイデガーは、〈アル〉ということはもともと「単純な」事態であり、「稀有な豊かさを秘めた単純なもの」であったのに、それがプラトン／アリストテレスの形而上学的思考のもとで〈本質存在《エッセンティア》〉と〈事実存在《エクシステンティア》〉、〈デアル〉と〈ガアル〉とに区別されたと言うが、これはどういう意味か。たとえばわれわれ日本人の語感では、〈存在〉と聞くと〈事実存在《エクシステンティア》〉を思い浮かべることはあっても、〈本質存在《エッセンティア》〉を思い浮かべることはない。〈本質存在〉という訳語そのものが耳ざわりで、〈本質〉だけでとめておいてもらいたいくらいだ。そして、〈事実存在《エクシステンティア》〉を思い浮かべるといっても、それはいっさいの〈本質存在〉をぬき去られた残り滓のような〈事実存在〉ではなく、もう少しふっくらした、いっさいの〈本質存在〉を自分のうちから発現させるような〈事実存在〉である。つまり、われわれは〈存在〉を〈本質存在〉と〈事実存在〉とに区別したりせず、「稀有な豊かさを秘めた単純なもの」として受けとっているのであろう。おそらく自然的事物をモデルに事物の存在構造を考えているかぎり、そういうことになると思うのだが、ソクラテス以前の思想家たちのもとでは、というよりもともとギリシア人はそうした存在了解をおこなっていたと、ハイデガーは言おうとしているのである。

　そうしたギリシア人たちのもとで、プラトン／アリストテレスが制作的振舞いに定位して、ということは制作物をモデルにしてということになるのだろうが、事物の存在を考え、〈存在＝現前性＝被制作性〉という存在概念を形成し、それと共に形而上学的思考様式、つまり存在者の全体《タ・パンタ》とされてきた自然《フュシス》の外に超自然的原理を設定し、それに照らして自然を見る特異な思考様式を確立した(1)。それと連動して物質的自然観が成立し、同時に事実存在に対する本質存在の優位も確立された。こうした存在概念、こうした思考様式が、それこそ千年二千年といった単位でさまざまな変様をこうむりながらも〈西洋〉という文化圏に伝統として定着し、その上にいわゆる〈近代ヨーロッパ文化〉が形成されてきた。

この文化のゆきづまりを自覚したニーチェは、もう一度ソクラテス以前の思想家たちの〈生きた自然〉の概念を〈力への意志〉の名のもとに復権することによって、その克服を、つまりニーチェ自身の言葉でなら〈プラトニズム〉の克服を、あるいはプラトニズムの必然的な帰結である〈ニヒリズム〉の克服を、ハイデガーの言葉でなら〈形而上学〉の克服をはかった。その企てを、ハイデガーも引き継ごうとしたのである。

少し話は前後するが、この〈哲学〉の開始の状況について、ハイデガーは別のところで面白いことを言っている。肯ける話なので、紹介しておきたい。

一九五五年にフランスのノルマンディの小さな町で、ハイデガーは『それは何であるか——哲学とは』という奇妙な題で講演をおこない、そこで〈哲学〉とそれに先立つ〈思索〉との関係をこんなふうに規定してみせる。〈哲学《フィロソフィア》〉という言葉はギリシアに生まれ、ギリシアにしか生まれなかった。そこからも、〈哲学《フィロソフィア》〉こそが「ギリシア精神の実存」を規定するものだと考えてよい。それだけではなく、この〈哲学《フィロソフィア》〉は、このギリシア語の響きとそれによって名指されている特殊な知のあり方を承け継いだ「われわれ西洋＝ヨーロッパの歴史のもっとも内的な根本の動き」をも規定することになった。逆に言えば、「西洋とヨーロッパは、そしてそれらだけが、そのもっとも内的な歴史の歩みにおいて根源的に〈哲学的〉なのである」。したがって、〈西洋哲学〉とか〈ヨーロッパ哲学〉という言い方は同語反復である。そして、西洋とヨーロッパの歴史の内的歩みが〈哲学的〉だということは、この歴史の歩みから諸科学が発生してきたことによって証言される、とハイデガーはつけくわえる。科学知や科学技術の成立は、〈哲学〉と呼ばれる特殊な知を形成原理にしてきた西洋＝ヨーロッパ文化の展開の必然的な帰結だと言いたいのであろう。これも、哲学とは形而上学であり、この形而上学的思考のもとで物質的な自然観が成立し、それを基盤にして近代の機械論的自然観と近代科学が成立したのだと考えれば、納得のいく話である。

　もっともハイデガーは、西洋＝ヨーロッパの歴史の根本の動きを規定してきたと彼の主張するこの〈哲学《フィロソフィア》〉に、はっきりと時代的限定をくわえる。彼の考えでは、アナクシマンドロス、ヘラクレイトス、パルメニデスといった人たちによって代表される〈ソクラテス以前の思想家たち〉は、〈叡知《ト・ソフォン》〉を愛する《フィレイン》「叡知を愛する人《アネール・フィロソフォス》」ではあったが、「哲学者《ホ・フィロソフォス》」ではなかったし、彼らの思索も「叡知を愛すること《フィレイン・ト・ソフォン》」ではあっても「哲学《フィロソフィア》」ではなかった。彼らは哲学者よりも「もっと偉大な思索者」だったのであり、「思索の別の次元」に生きていたのである。

〈哲学〉への一歩はソフィストの思考によって準備され、まず最初ソクラテスとプラトンによって踏み出され、次いでアリストテレスが、ヘラクレイトスののちほとんど二世紀を経てから、この一歩を次のように定式化した。〈事実、かつても今もまたこれからも、絶えることなく(哲学が)そこへ向かう途上にありながら、いつも繰りかえしそこへ通じる道を見いだせないでいるもの、それは存在者とは何かという問いである。〉

そして、ソクラテス／プラトン／アリストテレスのもとではじまったこの〈哲学〉は、たしかに「その後二千年間に多様に変化はしたが」、しかし「アリストテレスからニーチェにいたるまで、その変化を越えて、またその変化を貫いて、同じものでありつづけてきた」と、ハイデガーは見るのである。

だが、アリストテレスが〈哲学〉に与えたこの定義は、ヘラクレイトスやパルメニデスの思索にまで遡って適用することは許されない。〈哲学〉が西洋＝ヨーロッパの歴史の根本の動きを規定しているといっても、それはソクラテスやプラトンの生きた古典時代以降に限られるし、ハイデガー自身がこの〈哲学〉の解体を企てている以上、彼の考えでは、まだ到来していないにしても、その下限もあるにちがいないのだ。

では、彼は、ヘラクレイトスやパルメニデスによって代表される「別の次元に属する」「もっと偉大な」思索に対して、アリストテレスによって定式化され、以後西洋＝ヨーロッパの命運を規定してきた〈哲学〉をどう位置づけようというのか。彼は次のように言う。ヘラクレイトスやパルメニデスの思索が〈叡 知《ト・ソフォン》を愛すること〉だと言われるばあいのその〈叡 知《ト・ソフォン》〉とは〈ヘン・パンタ〉ということである。〈パンタ〉とは〈万物〉のことであり、〈すべての存在者《パンタ・タ・オンタ》〉のことである。そして、〈ヘン〉とは〈一〉、つまり〈すべてを一つにするもの〉のことである。ヘラクレイトスの言葉として伝えられている「ヘン・パンタ」は、通常「万物は一つである」と訳されているが、ハイデガーはこれを、「一なるもの〈存在〉がすべてのものを存在者としてあらしめる」、つまり〈存在〉という視点が設定されることによって、その視野のうちに集め《レゲイン》られるすべてのものが〈存在者〉として、つまり〈あるとされるあらゆるもの〉として見られるようになる、という意味に解する。〈存在〉とは〈一つに集める《レゲイン》働き〉であり、その意味で〈ロゴス〉〈レゲイン→ロゴス〉だというのである。

一方、〈叡知を愛する《フィレイン》〉と言われるときのその〈愛する《フィレイン》〉というのは、ハイデガーによれば、ヘラクレイトスの言う〈ホモロゲイン〉、つまり一つに集めるその〈ロゴス〉に〈同調《ホモ》〉し、それに〈調和《ハルモニア》〉しつつ、そこに包みこまれてあることにほかならない。

ハイデガーに言わせると、「存在者が存在のうちに集められているということ、存在の輝きのうちに存在者が現われ出ているということ、まさしくこのことがギリシア人を驚かせた《タウマッエイン》」のであり、この驚きこそがギリシア人を思索に駆り立てたのだが、当初その思索は、おのれのうちで生起している〈存在〉という視点の設定というその出来事をひたすら畏敬し、それに調和し随順するということでしかなかったのである。彼は、このようにして開始された思索、つまりソクラテス以前の思想家たちのあの自然《フュシス》的思索を「偉大な始まりの開始」と呼んでいる。

だが、やがてギリシア人がペルシア戦争に勝利をおさめて、アテナイを中心に隆盛を誇るいわゆる〈古典時代〉に入ると、なににでももっともらしい説明を与えようとするソフィスト的知性によって、この驚くべきことさえもが当然きわまりないことにされてしまった。それに抗して、この驚くべきことをあくまで驚くべきこととして保持しつづけようとする少数の人びとが現われてくる。彼らは、〈叡 知《ト・ソフォン》〉を意識的に探しもとめ、すべての存在者を存在者たらしめているものは〈何であるか《ティ・エスティン》〉と問おうとする。

ところが、ハイデガーによれば、存在に随順し、それと調和し、そこに包まれて生きていることと、この存在をことさらに〈それは何であるか〉と問うこととは、まったく別のことなのである。そのように問うとき、すでに始原のあの調和は破れ、問う者はもはや始原の存在のうちに包みこまれたままでいることはできない。こうして、〈叡知《ト・ソフォン》〉との調和がそれへの〈欲求《オレクシス》〉、それへの〈愛《エロース》〉に変わり、〈叡知を愛すること《フィレイン・ト・ソフォン》〉が〈愛知＝哲学《フィロソフィア》〉に変わってしまう。プラトンによって準備された叡知のこの探究がアリストテレスによって「(存在者であるかぎりでの)存在者とは何か《ティ・ト・オン》」という問い、つまり「存在とは何か《ティス・ヘー・ウーシア》」という問いに定式化された、というのである。ハイデガーは、このプラトンとアリストテレスの〈哲学《フィロソフィア》〉を、ギリシア的思索という「偉大な始まりの終焉」と見る。

では、なぜ〈それは何であるか〉と問うとき、存在との始原の調和が破れるのか。「それは何であるか《ヴァス・イスト・ダス》——哲学とは《フィロソフィ》」というハイデガーのこの講演の題は凝った仕掛になっている。普通に読めば、〈哲学とは何であるか〉というなんの変哲もない意味になるが、そこにはもっと深い意味がこめられているのである。つまり、ハイデガーはこの題によって、〈それは何であるか《ティ・エスティン》〉という問い方そのものが〈哲学〉特有の問い方であり、このように問うときすでに、存在に対するある態度決定がおこなわれてしまっている、と言おうとしているのである。この〈それは何であるか〉という問いは、古来〈本質存在《エッセンティア》への問い〉と呼ばれてきた。そこで問われているのは、ものごとの本質存在である。ということは、存在に関してこの問いが問われるとき、存在はすでに〈本質存在〉に限局されている、ということである。つまり、始原の単純な存在が見失われ、存在が〈本質存在〉と〈事実存在〉に区別された上、〈本質存在〉に切り縮められることになり、それとともに〈哲学〉がはじまったのだ、ということを、ハイデガーはこの表題で言おうとしているのである。

哲学(=形而上学)とその哲学によって根本的に規定されている西洋=ヨーロッパ文化に対するハイデガーの否定的態度は、後期には決定的なものになってくるのである。

三　哲学史観の修正

ハイデガーがその用語を確定し、こうした明確な見取図を描くようになるのは、一九三〇年代半ばになってからのことであるが、基本的にはニーチェから継承した、今述べたような西洋哲学史の見方は、すでに『存在と時間』の時代から、いや、もっと早く「ナトルプ報告」の時代からもっていたと見てよさそうである。〈転回《ケーレ》〉なるものが起こったとしても、それはあくまで〈存在〉という視点の設定という出来事をどう見るかという点に限ってのことであり、先ほど述べたような「存在了解から存在の生起へ」というかたちのものであったろう。

もっとも、その〈転回《ケーレ》〉以降、哲学史の見方にも部分的な修正はくわえられる。最後にそれを見ておこう。

『存在と時間』の時代と、一九三〇年代半ばの『形而上学入門』以後とで、明らかに評価の変わった思想家の一人はパルメニデスである。一九二〇年代に、いわば〈自然的《フュシス》〉な思考ということでハイデガーが考えていたのは、〈ソクラテス以前の思想家たち〉のなかでもアナクシマンドロスやヘラクレイトスらイオニア系の思想家たちの思想であり、エレアのパルメニデスはむしろプラトンの先駆者と見られていた気配がある(本書一四五ページの引用文を参照)のに、一九三〇年代になると、パルメニデスもヘラクレイトスらと同じ系譜に数え入れられるようになる。これはどうやら、一九二〇年代末から一九三〇年代前半にかけて同時代の古典学者カール・ラインハルトの『パルメニデスとギリシア哲学史』(一九一六年)や『ソフォクレス』(一九三三年)を読んで強烈な影響を受けたせいらしい。ラインハルトの『パルメニデス』については『論理学の形而上学的基礎』(ML 219)においてふれているし、『ソフォクレス』から受けた影響については、『形而上学入門』で名前を挙げて認めている(一七八ページ)。

これは比較的単純なケースであるが、この時期に彼が自分のかつての哲学史観にくわえた修正はもう少し手がこんでいる。『存在と時間』の時代には、彼はプラトン/アリストテレス以来の伝統的存在論、つまり西洋哲学の総体に批判的であった。だが、一九三〇年代になると彼は、西洋哲学史のうちでも、プラトニズムないし形而上学的思考に対する反逆がたびたび企てられたと考えるようになり、その反逆者たちをそれなりに評価するようになる。

その反逆者の筆頭に挙げられるのがアリストテレスであり、当然これまでのように簡単に「プラトン/アリストテレス」とひとくくりにして扱うことはできなくなる。

ハイデガーの考えでは、たしかにアリストテレスはプラトンの形而上学的思考の概念を整備するのに尽力したし、結局はこの形而上学的思考を修正しながらも継承することになってしまったが、それでも彼は、先生のプラトンが〈何であるか《ティ・エスティン》〉という意味での存在の、つまり本質存在の源泉とも言うべき〈イデア〉を真の存在とみなしたのに対して、〈エネルゲイア〉、つまり、制作の運動を完了して〈作品《エルゴン》の状態に身を置いている《エケイン》〉個物の〈それがある《ホティ・エスティン》〉という意味での存在、つまりその事実存在を第一義的な存在《ウーシア》とみなすことによって、「のちに事実存在《エクシステンティア》と呼ばれることになるものの本質存在《エッセンティア》に対する優位」(N II 407–408)を主張し、プラトンに反逆を企てた。プラトンとアリストテレスのこの複雑な関係について、ハイデガーはあるところ(『ニーチェ』II、四九九—五〇〇ページ)で次のような決定的なことを述べている。長いが、そのまま引用してみる。

いまこそ形而上学の上でのアリストテレスの基本的立場を規定すべき機会であろう。むろんそのためには、ありきたりのプラトンとの対置はまったく役に立たない。なぜなら、アリストテレスは、プラトンの形而上学をくぐりぬけた上でではあるが、もう一度、存在を始原のギリシア的様式で思索しようと試み、プラトンが善のイデア《イデア・トウ・アガトウ》によって遂行したあの歩みをいわば元にもどそうと試みているからである。プラトンのその歩みによって、存在者であるということは、条件づきのもの、可能にさせられるもの、つまり可能態《デュナーミス》という特徴を帯びることになったのだが、それに対してアリストテレスは——こう言ってよければ——プラトンよりもいっそうギリシア的に、存在を現実態《エネルゲイア》と考える(「自然《フュシス》の本質と概念について——アリストテレス『自然学』第二巻第一章」『道標』所収を参照せよ)。これが何を意味するかは、手短かに語ることはできない。ただ、アリストテレスは挫折したプラトン主義者でも、トマス・アクィナスの先駆者でもない、ということだけは指摘しておくことができよう。そしてまた、彼の哲学的業績は、プラトンのイデアをその自体存在から引きずりおろして事物そのもののうちに入れこんだという、しばしば彼の功績に数えられるナンセンスに尽きるわけでもない。アリストテレスの形而上学は、ギリシア哲学の始原からへだたっているにもかかわらず、本質的な点では、ギリシア的思索の内部でもう一度始原へもどろうとする一種の跳躍なのである。ニーチェが生涯とぎれることのなかったプラトンとの関わりに比して――悲劇の本質についての思索を別にすれば――アリストテレスの形而上学への内的連関を一度ももたなかったということの事実は、その本質根拠について考えぬくに足る重大なことである。

自分の興味から余分なところまで引用してしまったが、要するにアリストテレスは、先生のプラトンのいきすぎを巻きもどし、もう一度かつての自然的《フュシス》思考に立ちもどろうとしているのであり、その意味では「アリストテレスはプラトンよりもいっそうギリシア的に、ということはつまり、始原において決定された存在の本質〔つまり自然《フュシス》〕にいっそう忠実に思索している」(N II 409)ということである。だが、ハイデガーに言わせると、そのアリストテレスにしても〈エネルゲイアとしての存在《ウーシア》〉をプラトンの〈イデアとしての存在《ウーシア》〉に対抗して持ち出したにすぎないのであり、その意味では、依然として〈イデアとしての存在《ウーシア》〉を前提にし、意識していたことになる。たしかに彼は、プラトンに逆らって、本質存在に対して事実存在を優越させようとしたが、ということは結局、依然として彼がこの区別を前提にしていたということであり、彼には、この区別そのものを問題視して始原の単純な存在にもどることはできなかったということである。

いま述べたような意味で、アリストテレスがプラトンよりもいっそうギリシア的に思索しているということは、だがやはり、アリストテレスが始原における存在の思索〈自然的思考《フュシス》〉にふたたび近づいたということを意味しはしない。エネルゲイアと存在の始原の本質〈フュシス〉とのあいだにはイデアが立ちはだかっているのである。(N II 409)

プラトンとアリストテレスとのこの複雑な関係についてのハイデガーのユニークな見方

については、拙著『わたしの哲学入門』でもう少し立ち入って紹介しているので、ご参看願えれば幸いである。

評価が変わったといえば、ライプニッツ以降のドイツ哲学についてもそうである。一九三〇年代半ばごろになると、ハイデガーは、ライプニッツからニーチェにいたる〈ドイツ形而上学〉という思想の系譜を思い描き、ここに反《アンチ》プラトニズムの動きを見てとるようになる。これについても簡単にふれておこう。

ハイデガーは一九四二年に書いた「ニーチェの言葉〈神は死せり〉」(論文集『森の道』所収)という論文のなかで、ニーチェの『ツァラトゥストラかく語りき』(一八八二―八五年)を「シェリングの『人間的自由の本質についての研究』(一八〇九年)と共に、ということはとりもなおさずヘーゲルの『精神現象学』(一八〇七年)と共に、ということは、またとりもなおさずライプニッツの『モナドロジー』(一七一四年)と共に考え合わせ、それもこれらの著作を単に形而上学的に思索するのではなく、形而上学の本質から思索する」ことができるようになったときにはじめて、「ある対決をおこなうための権利と義務、地盤と視界が確立される」と、なんとも思わせぶりなことを言い出す。

第二次大戦終結後間もない一九五〇年に出されたこの論文集が日本に輸入されてきたの

は一九五三年になってからのことであったが、当時このくだりを読んで、ひどく興奮もさせられたが、よく意味が分からず悩まされもしたものであった。なにしろここに並べられた四冊の本は、どれもこれもその重要性は感じとられていながらも、当時支配的だった新カント派流の哲学史にはうまく収めることができず、いわばもてあまされていた札つきばかりである。その四冊を考え合わせろというのだから驚かされた。それに、それまで『存在と時間』の既刊部だけでハイデガーの思想像を形成し、彼を伝統的哲学などと絶縁した実存哲学者と見ていただけに、そのハイデガーが哲学史への広い眺望を開いてみせようとしていることにも驚かされた。その後、一九六一年に『ニーチェ』講義が出され、一九七一年に『シェリング』講義が出されるにつれて、この四冊の連関も、ハイデガーが言わんとしていたことも少しずつ分かってきたが、それまでは本当に途方に暮れる思いをさせられたものである。彼が言わんとしていたのは、次のようなことだったのだ。

ニーチェが『悲劇の誕生』(一八七二年)で、古代ギリシア文化形成の二つの根本原理として持ち出す〈ディオニュソス的なもの〉と〈アポロン的なもの〉は、彼が青年時代に強烈な影響を受けたショーペンハウアーの『意志と表象としての世界』(一八一九年)における〈意志〉と〈表象〉との捉えなおしである。そして、ショーペンハウアーのこの主著がカント哲学の独自な解釈であり、彼の言う〈意志としての世界〉がカントの〈物自体界〉の、彼の言う〈表象としての世界〉がカントの〈現象界〉の捉えなおしであることはよく知られていよう。ところで、カントにあって物自体界に関わる意志としての〈実践理性〉と、現象界に関わる認識能力としての〈理論理性〉とは、ライプニッツが『モナドロジー』において〈モナド〉の二つの根本特性と見た〈欲求《アペティトウス》〉と〈表象《ペルケプティオ》〉を承け継いだものである。こうして、ライプニッツ—カント—ショーペンハウアー—ニーチェという四人のドイツの哲学者のあいだに一つの思想的系譜が成り立つことになる。しかも、彼らのもとでは、つねに表象能力つまり認識能力よりも意志・意欲・欲求に優位が認められている。となれば、『人間的自由の本質』において「意欲こそが根源的存在《ウアザイン》だ」と説くシェリングも、『精神現象学』において存在の本質を知として捉え、この知は本質的に意欲と同じものだと説くヘーゲルも、この系譜に数え入れられてよいことになろう。ここで意志・意欲・欲求などと呼ばれているのは、早く言えば生命衝動である。これを根源的存在《ウアザイン》と見るということは、存在者のすべてを、つまりは自然を生きたものと見ようということである。ライプニッツ以来のドイツ哲学には一貫してこうしたモティーフが働いていると考え、ハイデガーはこの系譜を〈意志の形而上学〉とか〈ドイツ形而上学〉と呼んでいる（『ニーチェ』I、九〇ページ参照）。そしてこれを、〈物質的自然観〉を形成し、自然を死せる物質と見てきたプラトン的形而上学への対抗運動と見ようとしているのである。〈生きた自然〉を復権して形而上学的思考の克服をはかるこの系譜の思想を、これまた〈ドイツ形而上学〉と〈形而上学〉呼ばわりするのはおかしいと思うのだが、そのあたりのハイデガーの真意はよく分からない。

ところで、このうちのシェリングは『人間的自由の本質』以後の後期の講義で、ヘーゲルによって完成された近代哲学の総体を〈消極哲学《ネガティーヴェ・フィロゾフィ》〉と呼び、それに対して自分の後期思想を〈積極《ポジティーヴェ》哲学〉と呼んでいる。これは〈positiv《ポジティーフ》〉という形容詞に〈積極的〉と〈事実的〉という異なった意味系列に属する二つの意味があるのを利用した一種の言葉遊び《ウォルトシュピール》であり、[2] 彼がそれを使って主張しようとしているのは、彼の哲学が〈事実《ポジトゥム》〉つまり〈事実存在《エクシステンティア》〉の根拠を問おうとするものであって、理性によって処理可能な事物の〈本質存在《エッセンティア》〉しか問題にしえないできた近代哲学の総体を乗り越えるものだ、ということなのである。つまり、シェリングもまたここで、かつてアリストテレスがおこなったのと同様、事実存在に対する本質存在の優位をくつがえそうとしていたことになる。〈生きた自然〉の復権というモティーフと、本質存在に対して事実存在を優越させようとするモティーフは、形而上学的思考への反逆という点で連動していることになる。

シェリングのこの〈事実存在〉という概念が、その講義を聴いたキルケゴールに承け継がれ、彼のもとでかなりの変様を受けた上で、さらに二〇世紀の実存哲学、実存主義に承け継がれることになる。〈実存〉とは、九鬼周造が〈事実存在〉〈現実存在〉を切り縮めて造った訳語である。が、そのあたりはいいことにしよう。（キルケゴールの〈実存〉の概念についても、『わたしの哲学入門』でかなり立ち入って論じているので、ご興味のある方はご参照いただきたい。）

その〈実存〉思想の末尾につらなるジャン＝ポール・サルトルが、シェリングのさらに百年後に、ふたたび事実存在に対する本質存在の優位をくつがえそうとしているので、最後にそれにふれておきたい。第二次大戦終結の直後、サルトルがパリのクラブ・マントナンで「実存主義は一つのヒューマニズムであるか」という、いわば実存主義の旗上げ講演をしたことはかなり有名な話なので、ご存知の方も多いと思う。そこでサルトルは次のように主張する。

たとえばペーパーナイフなどのばあいだったら、それを作る職人がまずこれから作るペーパーナイフの〈何であるか〉を、つまりその〈本質存在〉を思い描き、それに従って一本一本のペーパーナイフを作っていき、それらのペーパーナイフが〈事実存在〉するにいたる。

つまり、時間的にも論理的にも「本質存在が事実存在に先立つ」のである。人間のばあいも、もしその創造者である神が存在するとしたら、まず神の念頭に人間の本質存在、つまり普遍的人間性のようなものがあって、それに従って個々の人間が創造されるはずである。ここでも「本質存在が事実存在に先立ち」、事実存在する個々の人間はその本質存在に拘束されることになる。だが、もし神が存在しないとしたら、どうであろうか。もはや個々の人間の事実存在に先立ち、いわばそれを規制するような本質存在などはまったくないことになる。われわれはまず事実存在し、その上で自分が何になるか、何であるか、つまりおのれの本質存在をまったく自由に選ぶことができるし、また選ばなければならないであろう。聖者になることを選ぼうが、ジャン・ジュネのように男色の泥棒になることを選ぼうが、まったく自由である。自分は神の存在を否定し、人間の絶対的自由を主張する。無神論の立場で本質存在に対する事実存在の優位を主張する実存主義こそ、人間に絶対的自由を認める真のヒューマニズムである。と、こうサルトルは主張し、そうした無神論的実存主義の先駆者としてハイデガーの名前を挙げている。

当時まだ若い哲学徒であったフランスのジャン・ボーフレが、サルトルのこの講演を踏まえてハイデガーに、ヒューマニズムについてどう思うかという質問の手紙を出し、それに答えるかたちで書かれたのが、ハイデガーの『ヒューマニズム書簡』(一九四七年)という書簡体の論文である。この論文でハイデガーは、サルトルの連帯の呼びかけを拒否して、自分は人間よりも存在が、そしてその存在の住処《すまい》である言葉が先立つと考えるので、人間の絶対的優位を主張するのがヒューマニズムなら、自分の立場はアンチ・ヒューマニズムだと答えるのであるが、それはともかく、彼はそこでサルトルを批判して、われわれの今の話の文脈に結びつく次のような興味深いことを言っている。面倒なので、書簡体のですます調はやめることにする。

> サルトルは、……実存主義の根本命題を、〈実存が本質に先行する〉というふうに言明している。このばあい彼は、本質存在《エッセンティア》と事実存在《エクシステンティア》を、プラトン以来〈本質存在《エッセンティア》が事実存在《エクシステンティア》に先行する〉と言ってきた形而上学の意味に解している。サルトルは、この形而上学の命題を逆転しているのである。だが、形而上学的命題の逆転は、依然として一つの形而上学的命題である。この命題が示すように、彼は形而上学と一緒になって、存在の真理の忘却のうちにとどまりつづけているのだ。というのも、哲学が本質存在《エッセンティア》と事実存在《エクシステンティア》の関係を、中世の論争においての意味で規定しようが、ライプ

ニッツの言う意味で規定しようが、あるいはもっと違ったふうに規定しようが、やはりなによりもまず第一に問われなければならないのは、〈本質存在としての存在《エッセ・エッセンティアエ》〉と〈事実存在としての存在《エッセ・エクシステンティアエ》〉という存在《ザイン》のこの区別が、どのような存在史の運命にもとづいて思索の前に立ち現われてきたか、ということだからである。なぜこの存在史の運命についての問いが、かつて一度も問われなかったのか、なぜそれがまったく思索されえなかったのか、が熟慮されねばならない。あるいは、本質存在《エッセンティア》と事実存在《エクシステンティア》の区別がこんなふうに問われないままになっているということこそ、存在忘却のしるしではないのか。この運命が、人間の思考の単なる怠慢にもとづくものでも、ましてや古代西洋の思索能力の不足にもとづくものでもないと、われわれは推察してよいであろう。本質存在《エッセンティア》（本質性）と事実存在《エクシステンティア》（現実性）との、その本質的由来に関しては蔽い隠されているこの区別が、西洋の歴史と、ヨーロッパ的に規定されている歴史全体とを、徹底して支配しているのである。（W 328–329）

長い引用になったが、要するに、事実存在に対する本質存在の優位をくつがえし、その関係を逆転してみても、形而上学を克服することにはならないのであり、大事なことは、なぜ存在がこんなふうに本質存在と事実存在に分岐したのかを考えること、そしてできれば存在に始原の単純さを返してやることだと言っているのである。始原の「単純な存在」が自然《フュシス》を指していることは言うまでもあるまい。だが、これがサルトルに対する批判の要《かなめ》なのだとすると、同じ批判は、シェリングにも、さらには遡ってアリストテレスにも向けられうることになりそうである。どうやらハイデガーは、同じような批判がライプニッツや、さらにはニーチェにさえも向けられうると考えているらしいが、そこまで話を広げるのは、『存在と時間』の再構築という本書の枠を大きく越えることになりそうだし、これについてはすでに書いたこともあるので(「ハイデガーとライプニッツ」『哲学と反哲学』所収、および『わたしの哲学入門』)、ここで筆を擱くことにする。

注

序　章

(1) この「ナトルプ報告」の高田珠樹氏による邦訳が『思想』一九九二年三月号(岩波書店)に掲載されている。
(2) 『ドイツ観念論の形而上学――シェリング「人間的自由の本質について」の新解釈』(『全集』第四九巻)
(3) 高田珠樹「フライブルク異聞――ハイデッガー『ナトルプ報告』の周辺――」(『思想』一九九二年三月号所収)参照。

第一章

(1) ヤーコプ・フォン・ユクスキュルのこれらの本には邦訳がないが、後年彼がその環境世界理論を一般読者向けに分かりやすく解説した『動物と人間の環境世界への散歩』(一九三四年)が、日高敏隆・野田保之氏によって『生物から見た世界』(思索社)という書名で邦訳されている。
(2) アロン・ギュルヴィッチとメルロ゠ポンティの関係については、拙著『メルロ゠ポンティの思想』(岩波書店)一五ページ以下を参照されたい。
(3) 九鬼周造『人間と実存』八「ハイデッガーの哲学」(『九鬼周造全集』岩波書店、第三巻、一九八ページ以下)。九鬼周造は、『存在と時間』刊行直後の一九二七年から二九年までフライブルクでハイデガーの講義を聴き、個人的にも親交があった。この時代のハイデガー哲学の紹介者としては、もっとも信頼がおける。

第二章

(1) 『ハイデガー全集』の編集方針についてのキシールの批判は、Kisiel, T. "Heidegger's Gesamtausgabe : An international scandal of scholarship", *Philosophy Today*, Spring 1995, Nothern Illinois University, DeKalb を参照せよ。
(2) メルロ゠ポンティ『行動の構造』(滝浦静雄・木田元訳、みすず書房)および拙著『メルロ゠ポンティの思想』七六ページ以下。
(3) Charles Morris, *Signs, Language and Behavior*, 1946(寮金吉訳『記号と言語と行動』三省堂)

第三章

(1) 本書一七八ページ参照。

（2）「自然の本質と概念について——アリストテレス『自然学』第二巻第一章」（『道標』所収）を参照。
（3）丸山真男「歴史意識の〈古層〉」（『忠誠と反逆』筑摩書房、所収）を参照。
（4）『ニーチェ全集』白水社、第II期第一一巻七六ページ。
（5）同書一六四ページ。

終章

（1）プラトンがいわば〈制作的存在論〉とでもいうべきものを発想した直接の動機については、私なりの推測を『反哲学史』（八七ページ以下）や『わたしの哲学入門』（二二一ページ以下）で述べたことがある。ご参看いただければ幸いである。
（2）〈positiv《ポジティーフ》〉の二系列の意味とその由来については『反哲学史』一七三ページ以下や『わたしの哲学入門』二七一ページ以下を参照されたい。

参考文献

本書でなんらかのかたちで言及したものを挙げておく。入手可能で適当な邦訳のあるものはそれを挙げるし、ないものは原書を挙げる。ハイデガーの著作・講義は、だいたい『ハイデガー全集』(ヴィットリオ・クロスターマン社)の巻数の順序に従っている。(全集、著作集、文庫の刊行年は原則的に省略。)

ハイデガー
『存在と時間』細谷貞雄訳、ちくま学芸文庫、一九九四年
『カントと形而上学の問題』『ハイデガー全集』第三巻
『森の道』『全集』第五巻(「ニーチェの言葉〈神は死せり〉」を収録)
『道標』『全集』第九巻(「形而上学とは何か」「根拠の本質について」「真理の本質について」「〈形而上学とは何か〉への後書」「ヒューマニズム書簡」「存在についてのカントのテーゼ」を収録、このうち「ヒューマニズム書簡」については、『「ヒューマニズム」について』の書名で渡辺二郎訳、ちくま学芸文庫、一九九七年)

『言葉への途上にて』『全集』第一二巻
『思索という事象へ』『全集』第一四巻(「哲学の終焉と思索の使命」を収録)
『プラトン「ソフィスト」』(一九二四/二五年冬学期)『全集』第一九巻
『時間概念の歴史のためのプロレゴーメナ』(一九二五年夏学期)『全集』第二〇巻
『論理学――真理への問い』(一九二五/二六年冬学期)『全集』第二一巻
『現象学の根本問題』(一九二七年夏学期)『全集』第二四巻
『論理学の形而上学的基礎――ライプニッツから出発して』(一九二八年夏学期)『全集』第二六巻
『形而上学の根本問題――世界・有限性・孤独』(一九二九/三〇年冬学期)『全集』第三〇巻
『人間的自由の本質について』(一九三〇年夏学期)『全集』第三一巻
『形而上学入門』(一九三五年夏学期)、川原栄峰訳、平凡社ライブラリー、一九九四年
『シェリング講義』(『シェリング「人間的自由の本質について」』一九三六年夏学期)、木田元・迫田健一訳、新書館、一九九九年
『ニーチェ』Ⅰ、Ⅱ(一九三六―四〇年講義)、細谷貞雄訳、平凡社ライブラリー、一九九七年
『ドイツ観念論の形而上学――シェリング「人間的自由の本質について」の新解釈』(一九四

一年第一学期）『全集』第四九巻
『それは何であるか——哲学とは』ネスケ社
「ナトルプ報告」高田珠樹訳、『思想』岩波書店、一九九二年三月号所載。

プラトン
『テアイテトス』田中美知太郎訳、『プラトン全集』岩波書店、第二巻
『ソフィスト』藤沢令夫訳、同右、第三巻

アリストテレス
『形而上学』上・下、出隆訳、岩波文庫
『自然学』出隆・岩崎允胤訳、『アリストテレス全集』岩波書店、第三巻

デカルト　『省察』三木清訳、岩波文庫

ライプニッツ　『単子論』河野与一訳、岩波文庫（「理性にもとづく自然と恩寵の原理」を収録）

カント　『純粋理性批判』天野貞祐訳、講談社学術文庫

シェリング　『人間的自由の本質について』渡辺二郎訳、『世界の思想』中央公論社、「フィヒテ・シェリング」所収

ヘーゲル　『精神現象学』長谷川宏訳、作品社、一九九八年

ショーペンハウアー　『意志と表象としての世界』斎藤忍随ほか訳、白水社、一九七五年

ニーチェ

『悲劇の誕生』浅井真男訳、『ニーチェ全集』白水社、第I期第一巻
『ギリシア悲劇時代の哲学』西尾幹二訳、『ニーチェ全集』白水社、第I期第二巻
『ツァラトゥストラこう語った』薗田宗人訳、『ニーチェ全集』白水社、第II期第一巻
カール・ラインハルト
『パルメニデスとギリシア哲学史』ヴィットリオ・クロスターマン社
『ソフォクレス』ヴィットリオ・クロスターマン社
ケーラー『類人猿の知恵試験』宮孝一訳、岩波書店、一九六二年
ウィトゲンシュタイン
『論理哲学論考』奥雅博訳、『ウィトゲンシュタイン全集』大修館、第一巻
『ウィトゲンシュタインとウィーン学団』同右、第五巻(「倫理学講話」杖下隆英訳、「ハイデガーについて」黒崎宏訳を収録)
ルカーチ『歴史と階級意識』城塚登・古田光訳、白水社、一九七五年
カッシーラー『シンボル形式の哲学』1―4、生松敬三・木田元訳、岩波文庫
シェーラー『宇宙における人間の地位』亀井裕訳、『シェーラー著作集』白水社、第一三巻
ユクスキュル『生物から見た世界』日高敏隆・野田保之訳、思索社、一九七三年
メルロ＝ポンティ『行動の構造』滝浦静雄・木田元訳、みすず書房、一九六四年
チャールズ・モリス『記号と言語と行動』寮金吉訳、三省堂、一九六〇年

ボイテンディク『人間と動物』浜中淑彦訳、みすず書房、一九七〇年
九鬼周造『人間と実存』『九鬼周造全集』岩波書店、第三巻
木田元
『現象学』岩波新書、一九七〇年
『ハイデガー』岩波20世紀思想家文庫、一九八三年
『メルロ＝ポンティの思想』岩波書店、一九八四年
『哲学と反哲学』岩波同時代ライブラリー、一九九六年
『ハイデガーの思想』岩波新書、一九九三年
『反哲学史』講談社、一九九五年
『わたしの哲学入門』新書館、一九九八年

あとがき

『存在と時間』の未刊部を再構成するという無茶なことをやってしまった。

冗談からはじまった話である。ハイデガーでアンソロジーを一冊つくれないかという相談を受け、現代文庫編集部の斎藤公孝君と話をしていたときのこと。アンソロジーというのはいわばさわり集のことである。箴言体の文章を拾い集めてさわり集をつくるということは、モラリスト風の思想家だとやりやすいが、ハイデガーのような体系的構想をもった思想家のばあい、やりにくいし、やってもあまり意味がない。「そんなことより、『存在と時間』の未刊部の再構成でもしてみた方が面白いだろうけどね」と冗談半分に言ったのが事の起こり、「それがいい、それでやりましょう」と斎藤君が乗ってきた。考えてみるとやってやれないこともなさそうなので、「やってみようか」ということになってしまった。瓢箪から駒が出た感じである。

といってもこれは、いつか誰かが漱石の未完の作品『明暗』を書き継いで完成させたといったのとは話が違う。あれは、漱石の文体を模写して書き継いでみせるといったことだったようだが、私にはハイデガーの文体を模写するなんて芸当はとてもできない。彼が残したプログラムと、彼がその前後におこなった講義を使って、あの時点で彼がどんなことを書こうとしていたかを推理してみただけのことである。はじめは彼の講義録から適当な部分を訳出し、それを繋いでと考えていたのだが、それは版権の問題が絡んでできなくなったし、そうでなくとも、そのつもりで講義録を読みなおしてみると、講義であるだけにやはり冗漫で、それをやろうとすると厖大なものになる。そこで、むろん引用をまじえてのことだが、結局は自分の言葉で要約したり言い換えたりするというやり方をとった。自分では、ハイデガーの考えていたことからそれほど大きくはずれてはいないと思っている。

日本には、ハイデガーの研究者というよりは信者と言った方がよさそうな人が大勢いるので、こんなことをすると、「冒瀆だ」「けしからん」と非難を浴びそうだが、それくらいのことは覚悟のまえ。私も、ハイデガーの『存在と時間』を読みたい一心で哲学の勉強をはじめたのだし、ほとんど半世紀間この人の本を読んできて、いまだにその思想を面白いと思いすごいと思ってはいるが、別にこの人を信心する気はないので、これで『存在と時間』の理解がいくらかでも深まるなら、冒瀆くらいいくらしてもかまわないと思っている。

ハイデガーが『存在と時間』の未刊部で書こうとしていたのはそんなことではないと思われる方は、ぜひ別の再構成をやってみせていただきたい。そちらの方が納得がいくようなら、いつでも私の試みは撤回するつもりでいる。いろいろな試みがあっていいと思う。むしろこれまでなかったのがおかしいくらいだ。

私はハイデガーについてこれまでも、『ハイデガー』(岩波20世紀思想家文庫)、『哲学と反哲学』(岩波同時代ライブラリー)、『ハイデガーの思想』(岩波新書)、『わたしの哲学入門』(新書館)と四冊の本を書いている。本書では、ハイデガーの経歴やその人となり、思想形成の過程などについてはほとんどふれていない。そうしたことについては、『ハイデガーの思想』なり『わたしの哲学入門』なりをお読みいただきたい。『存在と時間』を書く前後に、ハイデガーが、フライブルク大学からマールブルク大学に移り、またフライブルク大学に帰るのと連動して、カトリック神学からプロテスタント神学へ、プロテスタント神学から形而上学へ、さらにナチスに加担したり、形而上学批判へとその思想的立場を移していったその事情を知ることは、『存在と時間』を理解するためにきわめて重要である。本書でふれることのできなかったそのあたりについては、『ハイデガーの思想』や『わたしの哲学入門』でかなり立ち入って書いたつもりである。ハイデガーのいわゆる後期の思想についても、これらの本にある程度書いている。ご参看いただければ幸いである。

なお、本書で『存在と時間』や『ニーチェ』講義から引用する際、だいたいは細谷貞雄さんの訳文を借用した。私にはいちばん使いやすい翻訳だからである。ただ、私なりの考えがあって用語や多少の語句を変更したところがある。泉下の細谷さんにお詫びしなければならない。

岩波書店社長の大塚信一さんには、新書の『現象学』以来、いつも書きたくなったころに書きたい本を書かせてもらってきた。この本も、大塚さんが思いついてくださったものである。あらためてお礼申し上げたい。話を具体化し、編集を担当してくれた斎藤公孝君にも、適切な助言をいただいたりお世話をおかけしたりした。どうも有難う。

一九九九年十一月十五日

木田　元

本書は、岩波現代文庫のために書き下ろされた。

ハイデガー『存在と時間』の構築

2000年1月14日 第1刷発行
2011年10月25日 第10刷発行

編著者 木《き》田《だ》 元《げん》

発行者 山口昭男

発行所 株式会社 岩波書店
〒101-8002 東京都千代田区一ツ橋2-5-5
案内 03-5210-4000 販売部 03-5210-4111
現代文庫編集部 03-5210-4136
http://www.iwanami.co.jp/

印刷・精興社 製本・中永製本

ISBN 4-00-600009-X Printed in Japan

岩波現代文庫の発足に際して

新しい世紀が目前に迫っている。しかし二〇世紀は、戦争、貧困、差別と抑圧、民族間の憎悪等に対して本質的な解決策を見いだすことができなかったばかりか、文明の名による自然破壊は人類の存続を脅かすまでに拡大した。一方、第二次大戦後より半世紀余の間、ひたすら追い求めてきた物質的豊かさが必ずしも真の幸福に直結せず、むしろ社会のありかたを歪め、人間精神の荒廃をもたらすという逆説を、われわれは人類史上はじめて痛切に体験した。

それゆえ先人たちが第二次世界大戦後の諸問題といかに取り組み、思考し、解決を模索したかの軌跡を読みとくことは、今日の緊急の課題であるにとどまらず、将来にわたって必須の知的営為となるはずである。幸いわれわれの前には、この時代の様ざまな葛藤から生まれた、人文、社会、自然諸科学をはじめ、文学作品、ヒューマン・ドキュメントにいたる広範な分野のすぐれた成果の蓄積が存在する。

岩波現代文庫は、これらの学問的、文芸的な達成を、日本人の思索に切実な影響を与えた諸外国の著作とともに、厳選して収録し、次代に手渡していこうという目的をもって発刊される。いまや、次々に生起する大小の悲喜劇に対してわれわれは傍観者であることは許されない。一人ひとりが生活と思想を再構築すべき時である。

岩波現代文庫は、戦後日本人の知的自叙伝ともいうべき書物群であり、現状に甘んずることなく困難な事態に正対して、持続的に思考し、未来を拓こうとする同時代人の糧となるであろう。

(二〇〇〇年一月)

岩波現代文庫[学術]

G203
新版 地球進化論
松井孝典
いかなる偶然によって、地球は生命を育む天体となりえたのか。地球の起源、海の誕生、大気の進化など、近年の研究成果を踏まえ考察する。

G204
民衆の大英帝国
―近世イギリス社会とアメリカ移民―
川北稔
一七・一八世紀イギリス社会の貧民層にとって、帝国の形成は何を意味したか。人の行き来の側面から大英帝国をヴィヴィッドに描きだす社会史。

G205
自我の起原
―愛とエゴイズムの動物社会学―
真木悠介
生命史における「個体」発生とその主体化の画期的意義とは何か。遺伝子理論・動物行動学等の成果から「自我」成立の前提を解明する。〈解説〉大澤真幸

G206
近代日中関係史断章
小島晋治
アヘン戦争以後の日本と中国の歴史がどのようにからみあい、両国国民はお互いをどう認識したかをさぐる比較近代思想史の試み。

G207
広告の誕生
―近代メディア文化の歴史社会学―
北田暁大
広告とは何か。日本近代のメディア・消費文化の生成から検討し、その社会的意味と「ねじれた」政治性を浮き彫りにする力作論考。〈解説〉遠藤知巳

2011.10

G208
私はどうして私なのか
―分析哲学による自我論入門―
大庭 健

自分がいる、とはどういうことなのか?「私」とは何?「あなた」がいて「私」がいる意味を、分析哲学の手法で鮮やかに検証する。

G209
マッド・マネー
―カジノ資本主義の現段階―
スーザン・ストレンジ
櫻井公人
櫻井純理 訳
髙嶋正晴

世界金融危機をどう認識するか。前著『カジノ資本主義』でカジノ化した市場に警鐘を鳴らした著者が、「マッド」になった市場を告発する。

G210
新版 ディコンストラクションI
J・カラー
富山太佳夫
折島正司 訳

気鋭の文芸理論家が、テクストの理論、読書行為論、フェミニズム論等を中心に、思想・哲学の最新配置図を描いた現代思想の名著。

G211
新版 ディコンストラクションII
J・カラー
富山太佳夫
折島正司 訳

脱構築の思想でテクストの独自な論理を解読し、メルヴィル等の文学作品やフロイトを具体的に批評する。ポスト構造主義の必読書。

G212
江戸の食生活
原田信男

大繁盛した大都市江戸の食べ物商売、武士の日記にみる日々の献立、肉食の忌避とその実態など、食から近世に生きる人びとの暮らしと心を探る。〈解説〉神崎宣武

2011.10

岩波現代文庫[学術]

G213
イエス・キリストの言葉
―福音書のメッセージを読み解く―
荒井 献
イエス・キリストの言葉は、現代においてどのような意味を持っているか。それぞれの福音書記者の立場や時代背景にそって読み解く。

G214
国民の天皇
―戦後日本の民主主義と天皇制―
ケネス・ルオフ
木村剛久
福島睦男 訳
高橋紘 監修
皇室の行動様式は戦後いかに変容したか。現天皇即位後の二〇年、象徴としての天皇制がいかに推移してきたかを歴史的に考察する労作。〈解説〉原武史

G215
日本国憲法の誕生
古関彰一
現憲法制定過程で何が問われたか。GHQ側、日本側の動向を解明する。現憲法に対する立場の違いを超えて、憲法を学ぶ人々にとっての必読書。大幅に加筆。

G216
家父長制と資本制
―マルクス主義フェミニズムの地平―
上野千鶴子
階級闘争でも性解放運動でも突破しえなかった、近代資本制社会に特有の抑圧構造を明快に分析する代表作。

G217
セクシィ・ギャルの大研究
―女の読み方・読まれ方・読ませ方―
上野千鶴子
もの欲しげな目に半開きの唇、しなりくねらせた肢体。世に流布するお色気広告を、ズバリ分析! キケンで快感いっぱいの処女作。

2011.10

岩波現代文庫[学術]

G218
近衛文麿
—教養主義的ポピュリストの悲劇—
筒井清忠
戦前の人気政治家は、戦争の時代にどう向き合ったのか。近衛の栄光と挫折を教養主義とポピュリズムの連関から究明する。待望の現代文庫オリジナル版。

G219
デモクラシーと国民国家
福田歓一
加藤節編
丸山眞男とともに戦後日本の政治学を理論的にリードした著者(一九二三—二〇〇七年)の不朽の政治哲学論集。

G220
〈心理療法〉コレクションⅠ
ユング心理学入門
河合隼雄
河合俊雄編
日本で最初のユング心理学に関する本格的入門書。著者の処女作でもあり、河合心理学の出発点がわかる本。〈解説〉茂木健一郎

G221
〈心理療法〉コレクションⅡ
カウンセリングの実際
河合隼雄
河合俊雄編
実際のカウンセリング場面で必要なカウンセラーの心構えとは? 著者自らのカウンセリング体験を踏まえて語る心理療法入門の実践編。〈解説〉鷲田清一

G222
〈心理療法〉コレクションⅢ
生と死の接点
河合隼雄
河合俊雄編
人生の様々な転機における危機を、古今東西の神話や伝説などを織りまぜて読み解く、河合心理学の傑作。〈解説〉柳田邦男

2011.10

G223
〈心理療法〉コレクションⅣ 心理療法序説
河合隼雄
河合俊雄編
心理療法の第一人者が、その科学性、技法、諸問題、療法家の訓練から教育や宗教との関連までを考察。〈解説〉山田慶兒

G224
〈心理療法〉コレクションⅤ ユング心理学と仏教
河合隼雄
河合俊雄編
ユング派を学んで帰国した著者が、臨床経験や牧牛図、禅や華厳の世界など、心理学と仏教との関わりを本格的に論じた初めての書。〈解説〉末木文美士

G225
〈心理療法〉コレクションⅥ 心理療法入門
河合隼雄
河合俊雄編
心理療法にとって不可欠の様々な事柄について、第一人者がわかりやすく解説した入門書。心の問題に携わるすべての人に役立つ本。〈解説〉河合俊雄

G226-227
ヒロシマを生き抜く(上・下)
—精神史的考察—
R・J・リフトン
桝井・湯浅
越智・松田訳
被爆一七年後に行なった被爆者へのインタビューに基づき、人類への最大の破壊行為の影響、特に、生き残った者の心理的側面に初めて光をあてた記念碑的著作。〈解説〉田中利幸

G228
近代日本の国家構想
—一八七一—一九三六—
坂野潤治
廃藩置県から二・二六事件までを多様な政治体制構想の相剋の過程として描き出す出色の近代政治史論。

2011.10

岩波現代文庫[学術]

G229
国際政治史
岡　義武

東京大学法学部で政治史・外交史を講じた著者が、一九五五年に岩波全書の一冊として著した先駆的で独創的な名著。〈解説〉坂本義和

G230
宇宙誌
松井孝典

古代ギリシャから現代のホーキングまで、二〇〇億光年の時空を天才たちと共にたどる魅惑の知的大紀行。我々はどこから来たのか。

G231
日本型「教養」の運命
―歴史社会学的考察―

筒井清忠

教養主義が衰退した今こそ、教養が輝いていた時代と社会を省察して未来への指針を見出したい。斬新な視角で教養と社会との接点を問う。「再考・現代日本の教養」を付す。

G232
戦後日本の思想
久野　収
鶴見俊輔
藤田省三

〝戦後〟がまだ戦後であった一九五〇年代末、戦争によって混迷に陥った日本人の思想の建直しをめざす白熱の討論。〈解説〉苅部直

G233
トランスクリティーク
―カントとマルクス―

柄谷行人

カントからマルクスを読み、マルクスからカントを読む。社会主義の倫理的＝経済的基礎を解明し来るべき社会に向けての実践を構想する。英語版に基づき改訂した決定版。

2011.10

G239
久野収セレクション　佐高 信編

平和問題談話会、べ平連、「週刊金曜日」などを通じて市民の先頭に立って活動を続けてきた久野の論考十六篇をオリジナル編集。

G240
ヒルベルト ―現代数学の巨峰―　C・リード　彌永健一訳

天才的数学者の独創性はいかに培われたか。本書は、現代数学の父としてあまりに著名なヒルベルトの生涯と学問を描き出す。待望の文庫化。〈解説〉H・ワイル

G241
竹内好 ある方法の伝記　鶴見俊輔

魯迅を読むことを通して自分の問題をみつけ、自分で解こうと努力しつづけた竹内への深い尊敬と共感をもって書きあげた知的評伝。〈解説〉孫歌

G242
偉大な記憶力の物語 ―ある記憶術者の精神生活―　A・R・ルリヤ　天野 清訳

直観像と共感覚をもつその男は、忘却を知らなかった。特異に発達した記憶力は、男の内面世界や他者との関わりに何をもたらしたのか。〈解説〉鹿島晴雄

G243
王 羲 之 ―六朝貴族の世界―　吉川忠夫

偉大な書家としてあまりに著名な王羲之(おうぎし)は、四世紀の傑出した知識人である。その生涯と生活、思想と信仰の全体像を時代と共に描く。新稿も収録。

2011.10

岩波現代文庫[学術]

G244
光の領国 和辻哲郎
苅部 直

和辻のテクストを同時代の言説状況の文脈のなかで丁寧に読みなおし、〈人間と政治〉の問題をどのように考えてきたかを検証する。和辻の全集未収録論考も併載。

G245-246
内田魯庵山脈(上・下)
―〈失われた日本人〉発掘―
山口昌男

明治から昭和初期にかけて市井を遊歩した「学問する自由人たち」。内田魯庵を手がかりに近代日本の埋もれた知の水脈を発掘する。〈解説〉石塚純一

G247
言語のレシピ
―多様性にひそむ普遍性をもとめて―
マーク・C・ベイカー
郡司隆男訳

似たところなど何ひとつなさそうな言語どうしも、実はレシピがほんの一カ所違うだけかもしれない。発見の興奮が伝わってくる一冊。

G248
中国の新しい対外政策
―誰がどのように決定しているのか―
リンダ・ヤーコブソン
ディーン・ノックス
岡部達味監修
辻康吾訳

中国の対外政策は誰がどのように決定しているのか。中国の対外政策の決定過程をストックホルム国際平和研究所の研究員が未公開の事実を含めて明らかにする。

G249
現代の貧困
―リベラリズムの日本社会論―
井上達夫

天皇制、会社主義、民主政治の機能不全。現代の日本社会を蝕む三つの「生の貧困」を解明し、リベラリズムの原理に基づく変革の青写真を描く。

2011.10

岩波現代文庫[学術]

G250
西田幾多郎の憂鬱
小林敏明

多彩な資料を駆使して克明に描き出される哲学者の苦悩と格闘の人生に、近代日本成立における問題系を照射する斬新な評伝的批評。〈解説〉熊野純彦

G251
不惑のフェミニズム
上野千鶴子

売られたケンカは買い、連帯は国境や世代を超えて呼びかける——。フェミニズムの最前線を走り続けてきた著者の、40年間のリアルタイム発言集。岩波現代文庫オリジナル版。

G252
満州事変
—政策の形成過程—
緒方貞子

満州事変の前後、関東軍や陸軍中央、政府指導者などの間でいかなる力学が働き、外交政策を変容させていったのか。その過程を分析した記念碑的著作。〈解説〉酒井哲哉

G253
生成文法の企て
ノーム・チョムスキー
福井直樹
辻子美保子 訳

20年の歳月を隔てて、知の巨人が自らの科学観と言語観を語りつくした二つのインタヴュー。訳者による序説も必読である。

G254
笑いのセンス
—日本語レトリックの発想と表現—
中村明

言語表現が生み出す笑いのメカニズムを、レトリック論の立場から、分りやすく分析する。「笑いのセンス」の勘所を縦横無尽に語る。

2011.10